Hans Jürgen Beins | Thomas Klee

Bauen ist lustvolles Lernen!

Wie Kinder spielerisch Balance finden

Hans Jürgen Beins | Thomas Klee

Bauen ist lustvolles Lernen!

Wie Kinder spielerisch Balance finden

BORGMANN
MEDIA

Veröffentlicht in der Edition:
***BORGMANN MEDIA* GmbH & Co. KG • Schleefstraße 14 • D-44287 Dortmund**

Gesamtherstellung in Deutschland: Löer Druck GmbH, Dortmund

2., überarbeitete Aufl. 2020

Bestell-Nr. 9460 ISBN 978-3-942976-29-9

Inhalt

Vorwort

Wussten Sie schon, dass es möglich ist, einen 6,50 m hohen Turm aus 60000 Bierdeckeln und einen ca. 60 qm großen Bungalow inklusive Einrichtung aus ca. 260000 Bierdeckeln zu bauen? Was treibt einen Erwachsenen wie Sven Goebel an 552 Stunden Bierdeckel zu stapeln, die dann in wenigen Minuten wieder einstürzen? Was fasziniert uns so sehr an den *Rube-Goldberg-Maschinen,* die immer wieder in tollen Variationen entstehen. Diese sehr aufwendig gebauten Nonsens-Maschinen machen viele Umwege zu einem Ziel und haben keinen praktischen Nutzen. Das Spiel mit den Möglichkeiten treibt ganze Gruppen an über Monate an einer Konstruktion zu tüfteln, wie es z. B. im Musikvideo der Gruppe OK Go zu sehen ist (vgl.:http://www.wimp.com/gomachine/).
Warum spielen Schüler und Erwachsene weltweit in großen Hallen mit riesigen Steinmengen Domino?
Die Motive für solche Aktivitäten dürften z. B. die Lust am Spielen, die Faszination vom Material und Effekt, das Überschreiten von Grenzen oder die Sucht nach Rekorden sein.
Für unsere pädagogische und therapeutische Praxis mit Kindern im Kindergarten, der Schule oder der Therapie dienen diese Beispiele nur begrenzt als Vorbilder. Die Freude am Spiel, die vielfältige Erkundung des Materials mit eigenen Händen und die Suche nach neuen, kreativen Lösungen finden wir in unserem Alltag ebenfalls. Die Kinder machen Erfahrungen der Selbstwirksamkeit und teilen diese mit anderen. Die Enge der Leistungsgesellschaft, die den Vergleich mit Anderen und das Schneller, Höher und Weiter in den Mittelpunkt stellt, haben in

unserer psychomotorischen Praxis jedoch keinen Platz. Die Bewältigung selbst gestellter Aufgaben, die Fähigkeit, trotz Schwierigkeiten bei der Sache zu bleiben, die Kooperation und Kommunikation mit anderen und die Freude an der eigenen Leistung haben dagegen viel Raum.

Kinder sind geborene und begeisterte Lerner. Sie lernen in Bewegung – sie lernen mit Kopf, Herz, Hand und Fuß, sie wollen die Welt be-greifen und er-fassen. Die Bewegung und die Wahrnehmung sind die Grundlagen kindlichen Lernens und damit auch jeglicher Bautätigkeit. Mit dem Rollbrett oder dem Laufrad können sie die Welt „er-fahren", auf der Bewegungsbaustelle gibt es viel Gelegenheit durch Schluchten und Höhlen zu steigen. Ob „be-greifen", „er-fahren", „er-fassen" oder „durch-steigen", unsere Sprache macht die Verbindung von motorischem, intuitivem und kognitivem Lernen deutlich. Die Erkenntnis, dass die Bewegung des Kindes und seine innere Bewegtheit zusammengehören, ist eine Grundlage psychomotorischer Pädagogik. Wer begreifen will, muss greifen. Wer etwas erfassen will, muss es anfassen. Vor der Abstraktion kommt das Konkrete.

Die Bewegung und das Spiel sind grundlegende Bildungsbereiche des Kindergartens und der Schule und sollen es auch bleiben. Beim Bauen und Konstruieren können Kinder vielfältige physikalische Erfahrungen machen und ihre Umwelt erforschen. Dies beginnt, wenn sie die ersten Bauklötze in die Hand nehmen und entwickelt sich zu fantasievollen, komplexen Bautätigkeiten. Wenn man so will, praktizieren sie unbewusst Mathematik und Physik und dieses nicht selten auf höchstem Niveau.

Wenn Kinder und Jugendliche ihre Stadt in der Stadt bauen dürfen, gehen sie hoch engagiert zu Werke und bauen mit Brettern und Steinen ihre Häuser. Egal ob bei einem Projekt in der Bonner Innenstadt, im Prenzlauer Berg in Berlin oder anderswo, die Kinder erleben, wie sie ihren Lebensraum mitgestalten können. Wo dies ermöglicht wird, haben Erwachsene verstanden, dass Kinder nicht nur fertige Spielplätze brauchen, sondern ihre Räume schaffen und verändern wollen.

Das vorliegende Buch ist aus der Praxis entstanden. Es nimmt einen wichtigen Ausschnitt der Praxis in Kindergarten, Schule und Therapie in den Blick. Die Beispiele geben Anregungen zum Bauen und Konstruieren und viel Gelegenheit, „Bauklötze zu staunen“. Die Ideen lassen sich in vielen Varianten umsetzen, so dass kleine und große Kinder, Jugendliche und Erwachsene gleichermaßen Spielfreude entwickeln können. Dabei sind die Spielfreude, Selbsttätigkeit, Gestaltungsfreiheit und Entdeckerlust die zentralen Anliegen – denn lustvolles Bauen ist Lernen!

Kurz zur Theorie ...

Kurz zur Theorie ...

Individuelle Entwicklung beim Bauen und Konstruieren

Die Lust, kleine Türme gezielt umzustoßen, zeigen schon einjährige Kinder. Die Fähigkeit und der Wunsch sie aufzubauen, entwickeln sich erst später. Kindliche Entwicklung verläuft sehr individuell und entsprechend zeigen sich auch beim Bauen sehr vielfältige Ausdrucksformen. Trotz dieser Tatsache beschreibt der Schweizer Professor für Kinderheilkunde *Largo* auf der Grundlage seiner Studien einige allgemeine Entwicklungsschritte kindlicher Bauaktivität. Danach stapeln die Kinder Bauklötze oder andere Gegenstände zunächst vertikal. Sie finden heraus, wie sie bauen müssen, damit ihre Konstruktion nicht umfällt. Mit ca. zwei Jahren beginnen sie mit dem horizontalen Bauen, indem sie Bausteine oder Gleisstücke von Spielzeugbahnen aneinander legen. Wenig später wird das Bauen in vertikaler und horizontaler Ebene verbunden, indem sie z. B. eine Treppe konstruieren. Daraus entwickelt sich zwischen dem dritten und fünften Lebensjahr die Fähigkeit, die drei Dimensionen des Raumes zu verbinden, wenn z. B. Züge oder Autos nachgebaut werden. Auch wenn die Ausprägung und der Zeitpunkt dieser Bauaktivitäten bei Kindern variiert, bleibt die Abfolge dieser Spielaktivität gleich. „Kein Kind baut Türme, wenn es sich nicht vorher mit Behältern und deren Inhalt beschäftigt hat oder fügt Würfel zu einem Zug zusammen, ohne vorher Türme gebaut zu haben." (Largo 1999, S. 211). Die frühen Objektspiele, bei denen Kinder die Materialien und ihre Eigenschaften erkunden, indem sie z. B. Bauklötze fallen lassen oder sie gegeneinander klopfen, schaffen eine Grundlage für spätere Bautätigkeiten, bei denen sie mehr oder weniger zielstrebig dreidimensionale Spielprodukte herstellen.

Bauen in der Kindergartenpädagogik

Schon der Begründer des Kindergartens, Friedrich Wilhelm August Fröbel (1782–1852) hat die Bedeutung und den Wert des Bauspiels für die kindliche Entwicklung gesehen und beeinflusst mit der Entwicklung seiner Baugaben 3–6 bis heute das Baumaterial des Kindergartens.
Thier-Schroeter und *Dietrich* beschreiben die Gaben (an das Kind) und die Gedanken Fröbels zum Bauen differenziert und kommen zu folgendem Fazit: „Was wir heute von den Formen der dritten bis sechsten Gabe in unser Bausortiment übernommen haben, kann man in der Tat als bewährte Grundformen von Bausteinen bezeichnen", (Thier-Schroeter/ Dietrich 1995, S. 55).
Auch das von Christine Uhl (1906–1976) entwickelte Baukastensortiment, das später zum Uhl-Bauwagen weiterentwickelt wurde, geht auf die 3. und 4. Gabe Fröbels zurück. Es besteht aus sechs Baukästen und einem Zusatzbaukasten und gehört bis heute zur Ausstattung vieler Kindergärten. Zur Bedeutung des Bauens schrieb sie:
„Das Bauen ist eine besondere Form der kindlichen Raumerforschung, indem das Kind dabei den Raum nicht nur mit seinen Gliedern oder mit Dingen durchmisst, sondern indem es selber *Raum schafft*. Bauen ist eine spielende Raumgestaltung, in der die Wechselwirkung zwischen Kind und Umwelt ganz besonders fruchtbar und deutlich wird. Das Kind nimmt seine Umwelt, Raum und Dinge, in sich auf, indem es sie umformt, umgestaltet, aus sich herausstellt", (zitiert nach Berger, 2005).

Bei Einsiedler (1999, S. 101 ff.) findet sich eine gute Zusammenfassung der Begriffe, Formen und wissenschaftlichen Untersuchungen zum Bauen und Konstruieren. Hier wird deutlich, dass das Bauspiel in den Spieltheorien unterschiedlich eingeordnet wird. So finden sich bei Bühler differenzierte Beschreibungen des kindlichen Bauspiels, während nach Piaget das Bauspiel keine eigene Spielkategorie bildet.
Smilanskys Spielformeinteilung wurde für viele Beobachtungsstudien genutzt. Sie sieht im Bauspiel eine eigene Entwicklungsstufe zwischen Objektspiel und Fantasiespiel. Häufig wird diskutiert, wann das Bauspiel dem Arbeitsprozess nah kommt, weil die Kinder etwas nachbilden und wann sie über das Bauen subjektive Ausdrucksmöglichkeiten finden.

Das Bauspiel hat im Kindergarten eine lange Tradition und gehört zu der häufigsten Form des Spiels. Viele Gedanken zum Bauen haben bis heute Bestand, auch wenn die Materialien und die Themen des Spiels sich entwickeln und verändern.

Im Kindergartenalter begleiten die Kinder ihre Bauaktivitäten häufig mit fantasievollen Geschichten, d. h. es gibt eine enge Verbindung von Bau- und Fantasiespielen. Ein Bauwerk kann an einem Tag ein Zoo sein, in dem die Tiere leben und kleine Abenteuer bewältigen und am nächsten Tag ist es eine Stadt, durch die Autos fahren. Kinder verbinden dabei z. B. das Spiel mit Holzklötzen und kleinen Tieren, indem sie ihnen Ställe bauen oder die Bauklötze werden zu einer Straße zwischen Häusern, die von kleinen Autos befahren werden. Später geht es den Kindern beim Bauen und Konstruieren darum, ein bestimmtes Bauwerk fertig zu stellen. Dies kann im Schulalter zu faszinierenden Ballbahnen, Domino-Effekten oder Fußball-Golf-Stationen führen.

Bauen ist intuitive Physik

Im pädagogischen Alltag können Erwachsene immer wieder Kinder wahrnehmen, die sehr konzentriert bauen. Deshalb verwundert es nicht, wenn sich in verschiedenen Untersuchungen das Bau- und Konstruktionsspiel im Kindergarten als „bedeutender Erklärungsfaktor für Aufmerksamkeit, Arbeitshaltung und Selbständigkeit beim Lernen“ erwies (Einsiedler 1999, S. 111). Im Spiel mit den Gegenständen erwerben die Kinder vielfältiges Wissen: Sie relativieren zwischen groß-klein, eng-weit, machen räumliche Zuordnungen wie innen-außen, vorn-hinter, über-unter und erwerben Begriffe von Gegenstandsklassen wie Klötze, Kegel oder Stangen. Sie erfassen den Mengenbegriff, wenn sie Bausteine oder andere Materialien verteilen.

Grundlegende Gesetze der Statik erfahren die Kinder, wenn sie mit unterschiedlichen Materialien Häuser oder Türme bauen. Sie merken, dass es nicht egal ist, ob sie rechtwinklige Holzbausteine, runde Steine oder weiche Schaumstoffblöcke stapeln. Das Material mit seiner Oberflächenbeschaffenheit, seiner Form und seinem Gewicht eröffnet unterschiedliche Lösungen. Wenn der Turm umfällt, wird die Schwerkraft erlebbar, der Wechsel von Stabilität und Labilität wird zur Alltagserfahrung. Kinder lernen auch, dass die Umgebung mitspielt, so kann ein weicher Untergrund oder der Wind erheblichen Einfluss auf das Baugeschehen nehmen.

In ihrem Spiel erfassen Kinder physikalische Gesetzmäßigkeiten intuitiv und handeln entsprechend. *Prof. Wilkening* vom Institut für Entwicklungspsychologie an der Universität Zürich belegt mit seinen Forschungsarbeiten das intuitive Wissen, über welches Kinder von den ersten Lebensmonaten an verfügen und das sie erweitern, indem sie Rasseln bewegen, Wassergläser ausschütten oder Bauklotztürme umwerfen. Kinder verfügen demnach lange bevor sie dies verbalisieren können über „ein implizites Wissen, das seine Bewegungen steuert: Eine intuitive Physik". Ansätze dieses Wissens sind uns wohl schon in die Wiege gelegt (Romberg 2001). Dieses Wissen um Kräfte, Geschwindigkeiten, Massen oder Hebelgesetze wird mit dem Körper erfasst und lässt sich mit keinem noch so guten Computerspiel begreifen. Die räumlichen und materiellen Rahmenbedingungen für Kinder sind für die Entwicklung solchen Wissens also entscheidend. Aus dem Bauen und Konstruieren in der Kindheit erwächst für viele Menschen eine lebenslange Lust, die sich lediglich neue Ausdrucksformen sucht. Die Buden, Höhlen und Türme der Kinder werden später zu Häusern, Brücken und Straßen – eben alles etwas größer. Dieser Prozess lässt sich in Kindergarten und Schule pädagogisch begleiten.

Bauen im pädagogischen Alltag

Raum, Zeit, Material

Für ihre Entwicklung brauchen Kinder Rahmenbedingungen, die sie herausfordern und die ihnen Selbstbildungsprozesse ermöglichen. Sie benötigen drinnen und draußen geeignete Spielräume für ihr Tun. So wird sich eine konzentrierte Bautätigkeit kaum entfalten, wenn kein Platz vorhanden ist oder die Kinder ihre Umgebung als unruhig oder hektisch erleben. Kinder brauchen einen Zeitrahmen, der ein intensives Spiel zulässt und natürlich beeinflussen die vorhandenen Spielmaterialien das Spiel der Kinder entscheidend.
Dies gilt für ihre Bautätigkeit genauso wie für ihr sonstiges Tun. So ist in der Regel eine kleine Sandkiste für einen 5-jährigen ausgereizt, eine große Sandfläche, eine Schaufel und Wasser kann dagegen einen großen Reiz ausüben. Ein paar einsame Bausteine auf dem Teppich entlocken den Kindern kaum Begeisterung, finden sie für sich die passende Herausforderung, sind sie begeistert im Spiel. Für kleinere Kinder kann dagegen zunächst ein begrenztes Materialangebot zu einer größeren Vielfalt und einer höheren Bauintensität führen, wie die Arbeit mit den Fröbel Gaben (vgl. Praxis) zeigt.

Erzieher und Lehrer sollten sich Kinder wünschen, die neugierig sind, Neues ausprobieren und Fragen stellen – auch wenn dies manchmal anstrengend ist.
Eine psychomotorische Pädagogik eröffnet variationsreiche Bau- und Gestaltungsmöglichkeiten, so dass Kinder ihre Baulust ausleben und weiter entwickeln können. Aus den kleinen Bauklötzen werden große Holzbausteine, Schaumstoffblöcke, Kartons oder Bretterbuden. Das kleinräumige Bauen und Konstruieren und das großräumige Spiel auf der Bewegungsbaustelle unterscheiden sich im Bewegungsausmaß. Gemeinsamkeit und Kontinuität bestehen bezüglich der Gestaltungsfreiheit und der Erfahrungsmöglichkeiten im Umgang mit den Dingen. So lassen sich manche Bauspielideen vielfältig abwandeln und auch in großräumige Aktivitäten übertragen. Das Beispiel der „Murmelbahn" zeigt dies sehr deutlich. So entstehen beim Bau mit speziellen Holzbausteinen, mit Holzleisten, mit durchsichtigen Plexiglasrohren, beim Bau mit Wasser und Sand oder mit großen Drainagerohren im Außengelände immer neue Murmelbahnen (vgl. Praxisbeispiele).

Bauen als Prozess

Der individuelle Zugang zu den Dingen ist beim Bauen und Konstruieren entscheidend. Es gibt nicht nur die eine „richtige" Lösung, sondern das eigene Experimentieren und die Vielfalt der Lösungen ist das Spannende. Natürlich freuen sich die Kinder, wenn sie ihr gewünschtes Bauwerk in die Tat umsetzen können. Aus pädagogischer Sicht steht der Bauprozess im Vordergrund und nicht ein vorher festgelegtes Produkt, z. B. ein Haus, eine Brücke oder eine Höhle. So kann Max noch mit der Erkundung der Materialeigenschaften gefordert sein, „begreift" die Bauklötze, lässt sie fallen oder vergleicht sie mit anderen. Tim legt die Bausteine in eine lange Reihe und Lydia baut ein Zimmer mit einem Bett und Stuhl.

Wir Erwachsene neigen dazu, die Lernwege und Erfahrungen der Kinder abzukürzen, indem wir zeigen, wie es „richtig" geht oder festlegen, was die Kinder bei ihrer Tätigkeit lernen sollen. Kreative Lösungen entstehen dabei selten. Der polnische Lyriker Stanislaw J. Lec drückte dies so aus: *„Vieles hätte ich verstanden, wenn man es mir nicht erklärt hätte"*.

Experimentieren Kinder mit den Materialien, sind sie in der Regel nicht so festgelegt und es entsteht Neues und Unkonventionelles, sie stellen die Dinge schon mal auf den Kopf oder „überlisten" den Pädagogen.

Kindliche Intuition – ein Praxisbeispiel

Jonas und Noah sind begeisterte Höhlen-, Turm- und Brückenbauer. In den Stunden zuvor haben sie schon variationsreiche und anspruchsvolle Gebäude konstruiert, so dass ich sie etwas fordern will, als sie sich wieder die großen Holzbausteine holen. Ich schlage ihnen deshalb vor, ein Bauwerk auf einem wackeligen Therapiekreisel zu versuchen. Begeistert von meiner Überlegung, dass dieser labile Untergrund sie in ihrer Bautätigkeit fordern wird und sie sehr behutsam ans Werk gehen müssen, gebe ich ihnen den Kreisel. Sie gehen direkt zu Werke und ich staune nicht schlecht, als sie zunächst einmal den wackligen Untergrund stabilisieren, indem sie den Kreisel eng einmauern. Dann bauen sie wie gewohnt ihre Türme auf dem nun stabilen Untergrund. Ihre Lösung ist genial und einfach lebensnah – auch wenn sie nichts mit meinen pädagogischen Überlegungen zu tun hatte ...

Pädagogen und Therapeuten können Bau- und Konstruktionstätigkeiten begleiten, indem sie den individuellen Entwicklungsstand und die Stärken eines Kindes wahrnehmen und ihm entsprechendes Material oder passende Spielsituationen anbieten und ihm Raum für „Fehler“ geben.
Wenn die Kinder von heute die Herausforderungen von morgen bewältigen wollen, werden sie neue kreative Lösungen finden müssen. Eine Lernkultur in der „der Fehler“ seinen Platz hat, ist hier von Nöten. Der Filmjournalist Kahl (1993) spricht in diesem Zusammenhang vom „Lob des Fehlers“. Wo gelernt wird, werden Fehler gemacht. Fehler sind ein Mittel um Lösungen zu finden. Oder um es mit Spiegel/Selter (S. 36) zu sagen: *„Kreative Leute machen ständig neue Fehler, Dumme wiederholen dauernd die gleichen“.*

Freiraum und Anleitung

Die pädagogische Grundfrage, wie viel Offenheit und wie viel Struktur bzw. wie viel Freiraum und wie viel Anleitung Kinder benötigen, ist auch beim Bauen grundlegend.

Hier gilt zunächst: *Um dem komplexen Geschehen beim Bauen gerecht zu werden, brauchen Kinder Zeit und Freiraum, Ruhe und Ungestörtheit.*

Erwachsene Bezugspersonen schaffen Räume und stellen Material zur Verfügung. Sie halten sich mit Ratschlägen oder gar Veränderungsvorschlägen zurück und greifen ein, wenn ein Kind Hilfe wünscht oder eine Gefährdung für die Kinder selbst oder ihre unmittelbare Umgebung zu befürchten ist. Ansonsten wird den Aktivitäten der Kinder viel Raum gegeben, damit sich originelle Ideen und kreative Projekte entwickeln können.

Gemeinsame Erlebnisse, aktuelle Themen, vorgelesene Geschichten oder Bilderbücher können Kinder zu neuen Bauaktivitäten motivieren. So kann der Besuch des Kindes in einer Autowerkstatt durchaus zur spielerischen Umsetzung des Erlebten führen oder das Bild eines Hochhauses regt zum Nachbau an.
Manche Bautechnik eignen Kinder sich im Spiel selbsttätig an. Andere Techniken lernen sie kennen, indem sie anderen Kindern oder Erwachsenen zuschauen und etwas nachbauen. Dabei lernen sie Themen und Techniken kennen, die sie später für eigene Gestaltungen nutzen können.
Auch wenn die Kinder für ihre Bautätigkeit Techniken benötigen, sollten diese nicht belehrend vermittelt werden. Die Motivation, ein Thema zu spielen, und die Freude am Material sind die beste Grundlage für ein selbsttätiges Spiel. Wünschen die Kinder Hilfe, sind offene Bauaufgaben, die vielfältige Lösungen eröffnen, ideal.
Die Kinder sollten ihr eigenes Werk wiedererkennen und dies gelingt kaum, wenn alle Bauwerke gleich aussehen.
Natürlich ist es ideal, wenn eine Erzieherin von der Sache begeistert ist und sich auch mit dem Material beschäftigt und etwas baut. Dies kann durchaus positiven Einfluss auf die Motivation von Kindern haben. Die Spielaktivität der Erzieherin in der Bauecke wirkt sich insbesondere auf die Bautätigkeit der Mädchen positiv aus, wie Untersuchungen zeigten (vgl. Einsiedler 1999, S. 119).

Beraten, nicht bewerten

Eine Bewertung von Bauaktivitäten durch Erwachsene ist ähnlich problematisch, wie die Bewertung von Kunstobjekten. Die Hilfe sollte sich allenfalls auf die Beratung zur Handhabung von Materialien beziehen, etwa die Verwendung von Verbindungsstücken beim Bau einer Murmelbahn. Darüber hinaus kann sie der Vorbeugung von Gefahren dienen, wenn z. B. Großgeräte auf der Bewegungsbaustelle unsachgemäß genutzt werden.
Natürlich sollte abwertende Kritik unterlassen werden. Aber auch das häufige Loben eines Kindes ist eine Bewertung, die sich nicht positiv auswirken muss. So kann eine deutlich überzogene, positive Reaktion auf ein kindliches Bauergebnis zu Verunsicherungen und Selbstzweifeln führen, wenn das Kind selbst nicht mit seinem Werk zufrieden ist.
Es empfiehlt sich zunächst herauszufinden, welche Meinung das Kind zu seinem Werk hat (wie findest Du es selbst?). Auf dieser Grundlage kann der Pädagoge dann behutsam Impulse geben, die dem Kind zu neuen Ideen verhelfen, das Bau-

objekt zu seiner Zufriedenheit zu verändern. Insbesondere „Ich"-Botschaften, die weniger wertend klingen als Aussagen wie: „Das hast du aber ...", verhelfen dem Kind zu einer eigenen, begründeten Meinung, (vgl. Pausewang 1997, S. 126 f.).

Bauen und Zerstören

Bei kaum einer kindlichen Tätigkeit ist der Wechsel vom Aufbauen und Zerstören so eng verknüpft, wie beim Bauen. Während kleine Kinder eine große Lust empfinden die Türme, die Erwachsene ihnen bauen, umzuwerfen, entsteht bei älteren Kindern eine große Spannung, wenn sie den Turm an der Grenze zum Einsturz bauen. „Da das Kind ... letztlich das Einstürzen herbeiwünscht, ist die Vernichtung gewissermaßen der Höhepunkt und Endpunkt eines Handlungsablaufes", (Oerter 1999, S. 199). Das Kind erfährt einerseits die physikalischen Gesetzmäßigkeiten der Schwerkraft. Es erlebt auch seine eigene Macht, indem es etwas schafft und zerstört.
Auch kann mit dem vorhandenen Material nur etwas Neues entstehen, wenn die alten Werke zerstört werden.
Der Wechsel vom Aufbauen und Zerstören hat also eine wichtige Funktion im Spiel der Kinder. Im pädagogischen Alltag wird es zumeist problematisch, wenn die Kinder Bauwerke der andern zerstören. Solche Konflikte lassen sich nicht ausschließen, können aber Anlässe für Gespräche mit den Kindern bieten und dazu beitragen, dass gemeinsame Regeln ausgehandelt werden. So haben wir positive Erfahrungen mit einer „Achtsamkeitsübung" gemacht. Bleibt ein Bauwerk für eine vorher verabredete Zeit stehen, wird anschließend ein gemeinsames Fest gefeiert.

Sollen im Umgang mit jüngeren Kindern Konflikte vermieden werden, empfehlen sich die schon erwähnten Räume für Bautätigkeiten. Ein wackeliger Turm in einem Durchgang wird kaum lange stehen und die Zerstörung eines Bauwerkes in einem kleinen Raum mit vielen Kindern ist kaum zu vermeiden.

Die Bewegungsbaustelle oder wie Kinder spielerisch Balance finden

„Spielgelegenheiten zu schaffen ist keine Kunst. Was man braucht sind „Geräte", die herausfordern; ist Vertrauen in die Phantasie der Kinder; ist Geduld beim Abwarten und Zuschauen. Hektik, Zwang und Übereifer sind die Feinde von Gelegenheiten; denn sie verpflichten, statt zu verführen, belehren, statt anzuregen. Gelegenheiten schaffen heißt, Angebote zu machen, die Kinder wahrnehmen können, aber nicht müssen." (Ehni 1982, S. 89).

In vielen Einrichtungen hat die Bewegungsbaustelle (Miedzinski/Fischer, 2006) an Bedeutung gewonnen. Sie ist ein psychomotorisches Konzept und eröffnet über das Spiel mit Autoreifen, Schläuchen und Brettern den Bau kleiner Brücken, Wippen und mit weiteren Hilfsmitteln die Konstruktion von Schaukeln und Karussells. Wenn Kinder selbsttätig spielen, suchen sie sich passende Lernreize. Lernen heißt hier „die Aufgabe von Sicherheit", (Lensing-Conrady, S.43). Sie benötigen Situationen, die sie herausfordern, die sie aber bewältigen können. In Balance zu sein ist hier kein rein physiologischer Vorgang, denn das Zusammenspiel der Sinne (vestibuäre, taktil-kinästetische und visuelle Wahrnehmung), die Selbsteinschätzung, die Konzentrationsfähigkeit oder Frustrationstoleranz sind nur einige Faktoren, die zum Gelingen der selbst gestellten Aufgabe beitragen. In der Bewegungsbaustelle haben die Kinder vielfältige Gelegenheiten, die Balance zwischen Sicherheit und Risiko zu finden – dies ist eine weitere Gemeinsamkeit mit den Bauspielen, bei denen es um das Objektgleichgewicht geht, (vgl. hierzu Bauen auf labilem Untergrund).

Ähnliche Bau- und Spielaktivitäten wie mit den Reifen und Brettern sind natürlich auch mit Geräten der Turnhalle möglich. So entstehen aus Kästen, Leitern, Bänken und Matten vielfältige Bewegungslandschaften. Spielsituationen, die großräumige Bewegungen ermöglichen, werden vorgezogen, da es vielen Kindern heute an Schaukel-, Schwing-, Dreh-, Kletter- und Sprungerfahrungen mangelt. Die Bewegungsbaustelle gibt den Kindern also in doppelter Hinsicht Raum. Sie erhalten Platz zum Rennen, Springen, Klettern und Balancieren. Außerdem haben sie Freiräume, ihre Spielumgebung selbst zu gestalten.

Hierfür ein kleines Beispiel aus der Praxis: *Im Außengelände einer Kindertageseinrichtung befindet sich eine Rutschbahn, die in ihrer normalen Nutzung für die meisten Kinder ab fünf Jahren langweilig ist. Trotzdem nutzen sie diesen Ort für ihre Experimente. Sie lassen z. B. einen Autoreifen runter rollen und schauen, wo er landet. Ein Kind ruft plötzlich: „Wir brauchen alle Reifen" und wenig später ist die Rutsche mit Reifen zugebaut. Nun versuchen sie, diesen neu gestalteten Weg von oben nach unten zu bewältigen. Die Kinder haben sich so eine spannende und reizvolle Umgebung geschaffen ...*

Bei der Gestaltung einer Bewegungsbaustelle geht es darum, Kindern in einem geschützten Raum, in dem sie sich wohlfühlen, ein hohes Maß an Freiraum zu eröffnen. Hier können die Kinder gemeinsam forschen, entdecken und gestalten. Natürlich brauchen sie Rahmenbedingungen, unter denen sie sich nicht gefährden. Die Balance zwischen Offenheit und Struktur, zwischen Helfen und Lassen bleibt auch hier eine ständige Herausforderung, die mit jedem Tag und im Kontakt mit jedem Kind neu gestaltet wird. In keinem Fall aber sollten die Kinder auf der Bewegungsbaustelle bzw. Bewegungslandschaft belehrt werden, wie sie zu bauen haben.

Die Erwachsenen können sie bei ihrem Bauen und Erkunden gut begleiten, wenn sie selbst neugierig und aufgeschlossen bleiben. „Die

Erziehung von Welt-Erkundern macht jeden Erzieher unweigerlich selber zum Forscher und Entdecker. Sie nötigt zum ständigen Fragen, Zweifeln, Rätseln, Diskutieren, aber auch zur Auseinandersetzung mit Wissensgebieten, die einem ursprünglich fern lagen. Das kann verdammt anstrengend sein. Aber den Kindern tut es gut." (Romberg 2001).
Ein hohes Maß an Selbsttätigkeit der Kinder wird gewährleistet, wenn das Materialangebot zunächst überschaubar und damit eigenständig handhabbar ist. So entsteht erfahrungsgemäß bei kleinen Kindern eine größere Variationsbreite. Zunehmend werden Art, Größe und Vielfalt der Baumaterialien dann erweitert. Gegenstände, die vielfältige und individuelle Lösungen eröffnen, sind einseitig verwendbaren Materialien vorzuziehen.

Viele Themen und Konstruktionen (klein- und großräumig) lassen sich von den Kindern selbstständig realisieren, andere erfordern die Unterstützung der Erwachsenen. Auch ist eine Kombination denkbar, bei der mit einigen Großgeräten (z. B. Kasten und Weichbodenmatte) ein Aufbau vorbereitet wurde, den die Kinder mit Matten, Tüchern und Decken zur Höhle erweitern.
Die Veränderbarkeit der Konstruktionen gilt als wichtiges Kriterium. Kinder brauchen eine Umwelt, die sie selbst gestalten können und nicht nur einbetonierte und verschraubte Geräte, wie sie auf den meisten Spielplätzen zu finden sind. Noch deutlicher formuliert dies der Künstler und Spielraumgestalter *Aigner,* wenn er herkömmliche Spielplätze „Fantasiekiller" nennt und sagt: „Wer nicht in die Wildnis kann, verwildert in den Städten", (Droste 2002). Kinder brauchen

Herausforderungen, sie brauchen erlebnisreiche Räume, die sie verändern und gestalten können, sonst beginnen sie zu zerstören.

Die Bewegungsbaustelle eröffnet solche Handlungs- und Gestaltungsspielräume für Kinder, denn hier ist nicht alles festgelegt und einbetoniert.
Durch das gemeinsame Bauen der Kinder entstehen ihre Räume. In der Regel erfordern die Bauaktivitäten mit größeren (schwereren) Materialien gegenseitige Hilfe. So transportieren sie die langen Bretter gemeinsam. Die Kooperation der Kinder trägt hier sichtbare Früchte – die Häuser werden größer, die Türme höher oder die Brücken sicherer. Ihre Kräfte können sie konstruktiv einsetzen und erleben so den Erfolg gemeinsamen Handelns.
Das Unfertige – das sie bei ihrem Spielzeug kaum finden – macht den Reiz aus, denn die Kinder erleben, wie durch ihr Tun etwas Neues entsteht.

... und nun ganz viel Praxis

Die folgenden Beispiele zum Bauen und Konstruieren sollen Kinder und Erwachsene zum eigenen Experiment auffordern. Beim Bauen entsteht immer wieder etwas Neues und es gibt sehr viel zu entdecken. Insofern ist Bauen Selbstbildung im besten Sinne.
Wichtig ist, dass frei und fantasievoll mit den folgenden Praxisvorschlägen umgegangen wird: So kann eine Höhle völlig anders gestaltet werden, als hier vorgeschlagen oder eine beschriebene Konstruktion in einen völlig anderen thematischen Zusammenhang gesetzt werden. Die Praxisbeispiele geben einen Einblick in mögliche Bauaktivitäten im Kindergarten und der Schule und berücksichtigen unterschiedliche räumliche Voraussetzungen.

Bauen auf kleinstem Raum

Bauen auf kleinstem Raum

Im Kindergarten gibt es Bauecken, Bauteppiche oder einen Bauraum. In der Schule werden z. B. im Mathematik-Unterricht, im Freizeitbereich der OGS oder zur individuellen Förderung Bauaktivitäten eröffnet. Hier erhalten Kinder Raum zum Bauen und Konstruieren. Wie dieser Raum aussieht und welche Materialien zur Verfügung stehen, ist sehr unterschiedlich. Die folgenden Beispiele zeigen eine Auswahl von erfolgreich erprobten Materialien und Ideen, die gleichzeitig unterschiedliche Prinzipien des Bauens eröffnen. In den ausgewählten Beispielen wird weitgehend ohne Fixierung gebaut. So können die Gesetze der Statik und die Grenzen von Labilität und Stabilität besser erfasst werden. Auf allseits bekannte Konstruktionsmaterialien wie z. B. Duplo oder Lego wird hier nur am Rande eingegangen.

Für die Qualität von Bauaktivitäten der Kinder sind der abgegrenzte Raum und die Akzeptanz sozialer Regeln wichtig. Ein konzentriertes Bauen auf kleinem Raum ist eher möglich, wenn eine ruhige Atmosphäre herrscht und die Baumaterialien liebevoll präsentiert werden. Natürlich spielen für variantenreiches Bauen die Qualität und die Vielfalt des Materials eine wichtige Rolle. Ideal ist es, wenn die Materialien auch mal wechseln. So wird manches Spiel wieder interessanter, wenn es eine Zeit verschwunden war. Auch der gewählte Untergrund ist wichtig. Ein (wackliger) Tisch kann den mühsam erstellten Turm zum Einsturz bringen.

Die Fröbel Gaben 3–6

Die Fröbel Baugaben sind mit der Geschichte der Bautätigkeit im Kindergarten eng verbunden. Nicht nur aus Traditionspflege, sondern auch, weil diese Ideen noch immer aktuell sind, sollen sie Erwähnung finden. Die Bausteine (Gaben an das Kind) befinden sich in einem Kästchen und bilden jeweils eigene Spieleinheiten. Die Grundform ist der Würfel. Dieser wird auseinandergenommen und spätestens wieder zusammengefügt, wenn die Steine in die Kästchen gelegt werden. Beim Auspacken kann das Kind den Kasten umdrehen, den Deckel hervor ziehen und den Kasten abheben. Das Einräumen der Steine in die Kästen kann nicht beliebig geschehen, da sie sonst nicht hinein passen. Es bedarf einer klaren Vorstellung oder einiger Versuche. Das Einräumen wird häufig als lästige Pflicht nach dem eigentlichen Bauen gesehen. Dabei wird verkannt, dass die Kinder auch bei dieser Tätigkeit bauen.
Mit jeder Gabe lassen die Kinder eine Vielzahl von Formen entstehen. Zunächst sollten sie die Vielfalt einzelner Systeme entdecken. Durch die Kombination der Systeme sind der Fantasie keine Grenzen gesetzt.

Fröbel Gabe 3 (acht diagonal geteilte Würfel)

Fröbel Gabe 4 (acht Bausteine in Quaderform)

Fröbel Gabe 5 (diagonal geteilte Würfel)

Fröbel Gabe 6 (parallel geteilte Quader)

Raum: Gruppenraum.

Material: Fröbel Gaben 3–6 (verschiedene Hersteller z. B. fröbelsystems.de).

Gruppengröße: Je System ein Kind.

Varianten:

- Viele der neuen Baukästen nehmen die Prinzipien auf. Es ist spannend, wenn kleine Kinder mit dem begrenzten Material experimentieren.

KAPLA – einfach, phänomenal

KAPLA besteht aus einer Vielzahl von 12 cm langen Pinienbausteinen. Der Erfinder Tom van der Bruggen hat diese Bausteine genau durchdacht. Dreimal die Dicke entspricht der Breite, fünfmal die Breite entspricht der Länge und fünfzehnmal die Dicke ergibt wieder die Länge. Mit dieser Form lassen sich unzählige Konstruktionen schaffen. Der Geschicklichkeit und der Kreativität sind keine Grenzen gesetzt, die Vielfalt der Möglichkeiten fordert junge und alte Baumeister heraus. Es können Türme, Brücken, Häuser, Tiere, Eisenbahnen oder Schiffe entstehen – diese Bausteine sind einfach, aber phänomenal.
Im pädagogischen Alltag sollten die Kinder die Zeit zum Experimentieren mit den Steinen haben. Die Möglichkeiten mit den gut durchdachten Steinen entdecken sie selbst. Ergänzend kann eine Geschichte z. B. über ein Tier oder ein Schiff sie motivieren, diese Motive in ihre Bautätigkeit aufzunehmen.

Raum: Gruppenraum oder Klassenraum.

Material: KAPLA-Bausteine, ideal ist die Kiste mit 1000 Bausteinen, es gibt aber auch eine mit 200 Bausteinen.

Gruppengröße: 1–25 Kinder, abhängig von Raum und Material.

Variante:

- Wenn die Kinder die Bausteine intensiv erprobt haben, können Pädagogen das Spektrum der Bautechniken erweitern, indem sie selber etwas bauen. Der Hersteller empfiehlt Bücher mit vielfältigen Vorlagen möglicher Objekte und Bautechniken.

KAPLA

Der Domino-Effekt

Um den Domino-Effekt zu erzielen, bei dem ein Kind einen Stein anstößt, der eine ganze Stafette zu Fall bringt, finden die Kinder durch ihre Experimentierfreude intuitiv mögliche Lösungen. So können sie Antworten auf folgende Fragen finden: Welche Bausteine bzw. Materialien sind geeignet? Wie groß muss der Abstand zwischen den Steinen sein? Wie lässt sich eine Kurve bauen? ...
Der Effekt, dass ein Baustein angestoßen wird und eine Kettenreaktion auslöst, begeistert schon die kleinen Kinder. Die Konstruktion zu erstellen, den Effekt nicht unabsichtlich auszulösen und sich nach der ganzen Arbeit zum „Umsturz" zu entschließen, ist in der Regel für bauerfahrene Kinder ab 5 Jahren reizvoll. Dies kann ein Leben lang so bleiben, wie Weltmeisterschaften in dieser Disziplin beweisen.

Raum: Gruppenraum.

Material: Längliche Bausteine gleicher Größe (20–100), z. B. Kapla.

Gruppengröße: 1–6 Kinder.

Varianten:
- Zwei Kinder lösen die Stafette gleichzeitig von verschiedenen Seiten aus. Wo treffen sie sich?
- Es werden einige Stafetten parallel gebaut, die sich nicht berühren, aber gleichzeitig ausgelöst werden.
- Die Kinder experimentieren mit unterschiedlichen Materialien z. B. Büchern, Cassetten- oder CD-Hüllen, Kisten, (Schuh)Kartons oder Kartenhäusern und versuchen, den gleichen Effekt zu erzielen. Sie erproben, welches Material sich eignet und wann es kippt.

Der Bausack oder die Vielfalt der Formen

„Der Bausack“ besteht aus Holzobjekten mit sehr unterschiedlichen Formen. Das Spiel mit den quadratischen, rechteckigen, runden, ovalen und sonstigen Formen eröffnet vielfältige Erfahrungen und die Begriffsbildung mit geometrischen Formen.

Wenn die Kinder diese Objekte stapeln, bedarf es einer guten Handlungsplanung und Strategie. Die Lösungsmöglichkeiten sind dabei vielfältig. Im Kindergarten- und Schulalltag nutzen die Kinder die Objekte oft zum Bau von kleinen Burgen oder Schlössern.

Raum: Gruppenraum.

Material: Bausack (Zoch-Verlag).

Gruppengröße: 1–6 Kinder.

Varianten:
- Die Bausteine mit geschlossenen Augen ertasten und die Form beschreiben.
- Ein gemeinsames Bauwerk entsteht, indem man abwechselnd ein Objekt hinzufügt.

„Bamboleo“ – Bauen auf einer labilen Fläche

Bamboleo ist ein Gesellschaftsspiel, bei dem ein spannendes Prinzip aufgenommen wird: Das Bauen auf einem labilen Untergrund. Auf einer Stütze liegt eine Korkkugel, so dass sie nicht wegrollen kann. Auf die Kugel wird mittig eine runde Holzplatte gelegt. Auf diese labile Fläche können jetzt unterschiedlich große und schwere Holzbausteine gelegt werden. Der Reiz des Spiels besteht darin, das Gebilde zwar in eine leichte Schieflage zu bringen, den Einsturz aber zu verhindern. Es ist empfehlenswert, bei der Einführung des Spiels mitzumachen, Spannung aufzubauen und die Kinder zu ganz vorsichtigem Agieren aufzufordern. Bei jüngeren Kindern lässt sich durch eine Variation der Unterlage (z. B. eine Halbkugel aus Holz mit einem Durchmesser von 10–15 cm, anstelle der Stütze und der Korkkugel) eine stabilere Grundfläche schaffen, die größere Erfolgserlebnisse eröffnet.
Die Kinder sollten auch hier viel Raum zum freien Experimentieren mit dem Spiel haben.

Raum: Gruppenraum.

Material: Bamboleo (Zoch-Verlag).

Gruppengröße: 1–6 Kinder.

Varianten:

- Die Idee einer labilen Fläche auf der gebaut wird, lässt sich mit vielen anderen Materialien wunderbar umsetzen (vgl. auch Bauen auf labilem Untergrund).
- Die Bausteine liegen auf dem wackeligen Brett und sollen einzeln entfernt werden.
- Auf die Grundfläche werden unterschiedliche Alltagsmaterialien gelegt wie z. B. Watte, Schwämme, Schlüssel, Filmdosen, Steine ...

„Ja, sie ist da" – Cuboro, eine vielfältige Murmelbahn

Die Freude der Kinder, wenn eine Murmel ihren Weg zum Ziel gemacht hat, kennt jede Erzieherin. So ruft Finn begeistert: „Ja sie ist da", als die Murmel seine selbst konstruierte Bahn endlich erfolgreich durchläuft. Es gibt verschiedenste Murmelbahnen, die gemeinsam haben, dass Murmeln durch ein vorhandenes Gefälle den Weg vom Start zum Ziel zurücklegen. Es gibt viele Varianten, die sich durch ihre Komplexität unterscheiden. Außer festen Bahnen, die nicht veränderbar sind, gibt es unterschiedliche Bausätze. Hochwertige Systeme, die vielfältige Lösungen zulassen, sind die Bahnen der Firma Cuboro und HABA. Sie lassen sich immer wieder neu zusammensetzen und eröffnen sehr viele Baumöglichkeiten. Der Standardbaukasten erfordert eine gewisse Erfahrung und Geduld der Kinder und ist deshalb für Kinder ab 6 Jahren gut geeignet. Für jüngere Kinder empfiehlt sich das einfachere System „Cugolino" oder die Kugelbahn von HABA.

Raum: Gruppenraum.

Material: Murmelbahnbausatz aus Holz, (z. B. Cuboro, Cugolino oder Kugelbahn von HABA).

Gruppengröße: 1–3 Kinder je Bahn.

Varianten:
- Das alte Kinderspiel der selbst gebauten Murmelbahn im Sandkasten sollte durchaus belebt werden.
- Auf eine schräge Ebene (z. B. ein Brett oder Tisch, der an einer Seite etwas höher gestellt wird) wird mit vorhandenen Bauklötzen eine Murmelbahn gebaut. Auf der Bahn werden Gegenstände so positioniert, dass sie den Lauf der Murmel verändern.

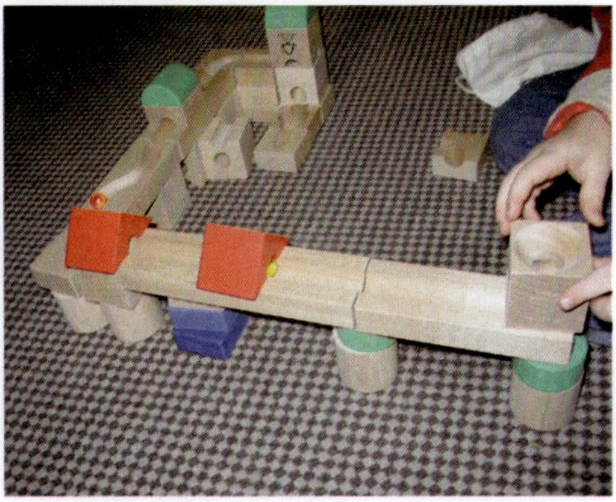

Murmelbahn-Baukasten a-bach-o

Für Kinder ab 4 Jahren bietet der Baukasten "a-bach-o" variantenreiche Baumöglichkeiten. Der große Kasten besteht aus 20 Rollbahnen und 60 Unterlegklötzen. Die Rollbahnen haben alle die gleiche Form und lassen sich in die Länge (bis 4 m) oder in die Höhe (bis 0,90 m) bauen. Sie ermöglicht Kindern den Entwurf von einfachen sowie kunstvoll verzweigten Murmelbahnen mit Abzweigungen und Zusammenführungen. Es können immer wieder neue Gebilde entstehen, z. B. Bahnen, bei denen die Murmeln aus verschiedenen Richtungen starten und sich dann treffen. Kleine Kinder begeistert es, dass sie die Murmeln gut sehen und sie viele Murmeln gleichzeitig auf die Bahn schicken können. Größere Kinder bauen gern in die Höhe oder um die Kurve.

Raum: Gruppen- oder Klassenraum.

Material: Murmelbahnbaukasten a-bach-o (klein oder groß).

Gruppengröße: 1–4 Kinder je Bahn.

Varianten:

- Die Kinder mögen es gerne, wenn sie Murmeln unterschiedlicher Größe zum Experimentieren haben. Dabei kann es sein, dass bestimmte Murmeln die Kurve schaffen und andere hinausfliegen. Auch ist der Unterschied zwischen Glas-, Metall- und Holzkugeln spannend.
- Die Rollbahnen sind so breit, dass Kinder auch ihre kleinen Spielzeugautos mal auf die Reise schicken können.
- Es wird eine schiefe Ebene (z. B. ein leicht schräg gestellter Tisch) vorbereitet, auf dem für gerade Bahnen ein leichtes Gefälle herrscht.

Das verrückte Haus – Villa Paletti

Dass Bauspiele auch für ältere Kinder und Erwachsene sehr attraktiv sein können, beweist „Villa Paletti“. Dieses Spiel wurde im Jahr 2002 als Spiel des Jahres gewählt und wird mit den bestehenden Regeln ab 8 Jahren empfohlen. Wenn es aber darum geht, miteinander ein mehrstöckiges Haus zu bauen, das in den oberen Stockwerken schmaler wird, ist dies auch für jüngere Kinder machbar und reizvoll. Auf einige Säulen wird jeweils eine Holzplatte gelegt. Wollen die Mitspieler hoch hinaus, müssen sie sich die vorhandenen Säulen gut einteilen.

Raum: Gruppen- oder Klassenraum.

Material: Villa Paletti (Zoch-Verlag).

Gruppengröße: 2–4 Kinder (die Säulen haben 4 verschiedene Farben).

Varianten:

- Ist das Spiel nicht vorhanden, lässt sich die Grundidee auch mit vorhanden Bauklötzen und unterschiedlich großen Sperrholzplatten spielen.
- Dieses Spiel gibt es vom Hersteller auch größer. Die Idee ist auf große Räume und Materialien übertragbar. So kann beispielweise mit vorhanden Holzplatten und Bechern, Dosen oder Garnrollen die Spielidee vielfältig umgesetzt werden.
- Die Kinder integrieren die Bausteine und Holzplatten auch gern in ihr freies Spiel, so werden z. B. die Säulen übereinander gestapelt.

Die Leonardo-Brücke

Die Leonardo-Brücke wird ohne Nägel, Schrauben oder Seile gebaut. Diese Bogenkonstruktion geht auf Leonardo da Vinci (1452–1519) zurück, der sie erwähnt und gezeichnet hat. Für den Bau benötigt man mindestens 8 Holzleisten (einfachste Form). Diese gibt es als fertige Bausätze in unterschiedlicher Größe und Ausführung oder sie können im Baumarkt besorgt werden.
Die Lösungssuche mit dem Material wird gern für Teambuilding-Maßnahmen für Schüler und Erwachsene eingesetzt, hier sind jedoch mehr Material und der Bau einer großen Brücke ideal.
Die folgenden Fotos zeigen den Lösungsansatz:

Raum: Kleine Brücken auf kleinstem Raum, große Brücken im Außengelände oder der Turnhalle.

Material: Mindestens 8 Leisten, besser ist ein Set mit 44 Leisten je Gruppe, wie es z. B. vom „Tischlerschuppen" in 375 mm × 30 mm × 6 mm angeboten wird.

Gruppengröße: 4–8 je Team.

Variation:

- Im Internet finden Sie unter Stichwort „Leonardo Brücke" Zeichnungen und Filmbeispiele zur Konstruktion. Es ist durchaus interessant einer Gruppe die Leonardo Zeichnung als Hilfe zur Verfügung zu stellen.

Bauen mit Plastikbechern und Pappdeckeln

In manchen Einrichtungen sind kaum Mittel für hochwertige Baumaterialien und Spiele vorhanden. Neben Naturmaterialien wie z. B. Steinen und Astscheiben lassen sich auch viele Alltagsmaterialien zum Bauen verwenden. So ermöglicht auch die Kombination aus Plastikbechern und Pappdeckeln vielfältige Konstruktionen. Durch die Pappdeckel können die Becher gut in die Höhe gebaut werden. Zum Einstieg werden die vorhandenen Becher und Pappdeckel auf die mitspielenden Kinder verteilt. Nun bauen sie einen Turm, indem sie reihum einen Becher und einen Deckel hinzu fügen, bis das Material verbaut ist oder der Turm einstürzt. Dann experimentieren sie mit dem Material.
Alltagsmaterialien haben den großen Vorteil, dass ihre Nutzung nicht festgelegt ist und es gibt kein „Richtig und Falsch".

Raum: Gruppen- oder Klassenraum.

Material: Bunte Plastikbecher (z. B. Ikea) oder Garnrollen, Pappdeckel (Bierdeckel), CDs.

Gruppengröße: 2–12 Kinder.

Varianten:

- Ein beliebtes Baumaterial sind Garnrollen aus Kunststoff. Sie sind länglicher und sehr stabil und lassen sich für vergleichbare Bauaktionen gut verwenden.
- Werden die Pappdeckel durch CDs oder Tortenplatten aus Pappe ersetzt, entstehen wunderbare neue Gebilde.

Der Pilz – Stapeln mit Pappdeckeln oder Aufräumen spielerisch

Dieses Spiel ist einfach, aber wirkungsvoll. Die Kinder nehmen sich Pappdeckel, die sie zu einem Turm stapeln. Ab einer bestimmten Höhe wird der Turm wackelig. Jetzt werden die Pappdeckel von den Mitspielern nacheinander aufgelegt. Natürlich soll der Turm möglichst spät umfallen. Beim Bauen entsteht auch schon mal ein Pilz ...
Dies ist eine mögliche Aktivität, um die Pappdeckel, die im Raum liegen, aufzuräumen bzw. in der Mitte zu sammeln.

Raum: Beliebig.

Material: Pappdeckel, Bierdeckel.

Gruppengröße: 1–12 Kinder.

Varianten:

- Einige Pappdeckel werden mit einer dicken Schere an vier Seiten (Stellen) eingeschnitten. Nun werden die Deckel ineinander gesteckt und es entstehen kleine und große Gebilde.
- Kartenhäuser bauen mit rechteckigen Pappdeckeln.
- „Ein bunter Riesenpilz“ entsteht beim Stapeln von Softfrisbeescheiben.

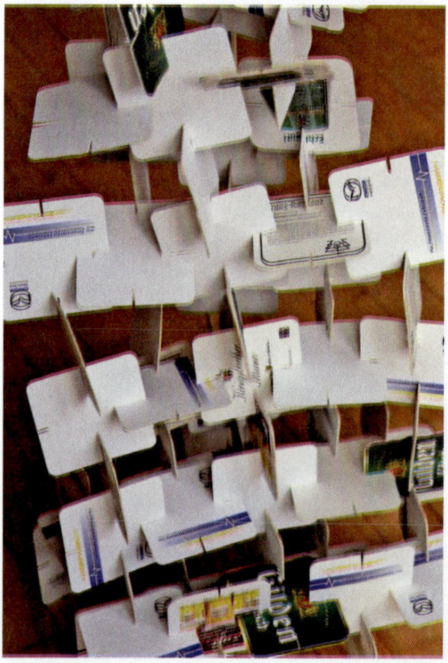

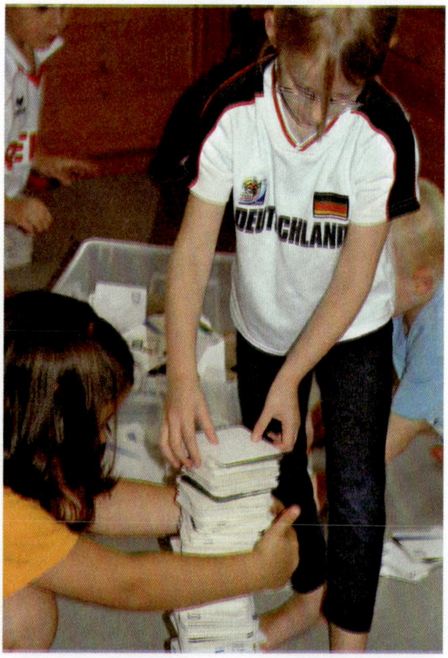

Baumaterialien selber machen – z. B. Salzpackungen und Dosen

Mit Sand oder anderen Materialien gefüllte Dosen werden schwerer und lassen sich so als Baumaterial gut nutzen. Eine bunte Klebefolie gibt ihnen einen besonderen Reiz. Durch die runde Form und geringe Größe sind sie eine gute Variante bzw. Ergänzung zu anderen Bausteinen.
Möchten wir schwere Bausteine haben, die die Kraft der Kinder fordern und tiefensensible Reize setzen, sind Salzpackungen sehr gut geeignet. Diese werden zunächst (besonders an den Ecken) mit Paketklebeband stabilisiert und dann ebenfalls mit einer bunten Klebefolie verschönert. Die Herstellung erfordert etwas Zeit, lässt sich aber mit älteren Kindern oder in einer Elternaktion umsetzen. Wer keine Lebensmittel verwenden möchte, leert die Packungen und füllt sie mit Sand.

Raum: Gruppenraum, Flur.

Material: Dosen, Sand, bunte Klebefolie, Paketklebeband, Salzpackungen.

Gruppengröße: 1–6 Kinder.

Variante:

- Die Dosen werden unterschiedlich beschwert (leicht bis schwer). Die Kinder experimentieren und beobachten, was beim Turm- oder Hausbau passiert, wenn die leichten und schweren „Steine" unterschiedlich eingesetzt werden.

Klammerkunstwerke

Mit Klammern spielen schon einjährige Kinder gerne, wenn die Eltern die Wäsche aufhängen. Im Kindergarten und der Schule lassen sich Wäscheklammern für viele Spiele nutzen. So kann ein Kind beim Spiel mit Klammern an der Kleidung in einen Igel oder ein Stachelschwein verwandelt werden.
Eine kleine Geschichte soll die Bauaktivität der Kinder anregen: „Karl, der berühmten Klammerkünstler mag Klammern über alles, besonders wenn sie bunt sind. Mit Wäscheklammern hat er schon die verrücktesten Gebilde gebaut und immer wieder hat er neue Ideen ...“. Vielfältige Gebilde entstehen, wenn die Kinder die Klammern zusammenfügen. Tiermotive können der Ausgangspunkt sein oder es werden freie Formen geschaffen. Bei Schulkindern entstehen auch Zahlen, Buchstaben oder geheime Zeichen, sobald die Kinder ihre Freude daran entdecken.

Raum: Gruppen- oder Klassenraum.

Material: Klammern, Pappdeckel, Spielkarten.

Gruppengröße: 1–12 Kinder.

Variante:

- Die Klammern lassen sich auch gut mit andern Materialien wie Pappdeckeln oder Spielkarten kombinieren.

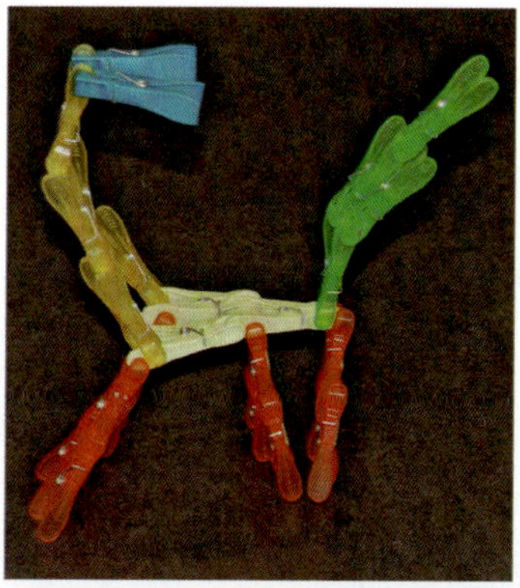

Bei den Indianern – Bauen mit Astscheiben sowie mit kleinen Ästen

Nicht nur von perfektem, fertigem Spielzeug geht für Kinder eine große Faszination aus. Oft sind es die einfachen Dinge, die sie z. B. bei einem Waldspaziergang entdecken. Aus getrockneten Ästen und Chiffontüchern entsteht schnell ein Zelt oder gar ein ganzes Indianerdorf. Aus Astscheiben entsteht der Marterpfahl, ein Eingangstor oder die Umrandung der Pferdewiese.
Auch wenn es dieses Material inzwischen vom industriellen Hersteller gibt, besteht ein großer Reiz darin, selbst im Wald einen passenden Ast zu suchen, ihn zu trocknen und in der Werkstatt passend zu sägen und zu schleifen. Dieses Baumaterial erhält schon durch die Herstellung einen besonderen Wert.

Raum: Beliebig, Natur.

Material: Baum- und Astscheiben, Zweige, evtl. Chiffontücher.

Gruppengröße: 2–12 Kinder.

Variante:

- Baumscheiben mittlerer Größe ermöglichen die Übertragung vieler Ideen ins Außengelände oder auf größere Bewegungsflächen.

Geo-mag mal anders – Bauen mit Magneten

Ein beliebtes Magnetspielzeug kommt aus dem Hause Geomag. Es besteht aus magnetischen Stäben und Eisenkugeln. Geomag ist ein faszinierendes Baukastensystem mit dem man nahezu jede geometrische Form nachbauen kann. So kann der Baumeister einen Wolkenkratzer nachbauen, Raumschiffe konstruieren und phantasievolle Gebilde schaffen. Dieses Baumaterial ist auch ein entspannender Zeitvertreib, ein anschauliches Dekorationsobjekt und ein physikalisches Phänomen.
Noch mehr kreative Vielfalt entsteht, wenn Geomag mit Kronkorken und Alltagseisenschrott kombiniert wird. Hier kann frei und asymmetrisch nach Lust und Laune gebaut werden.

Raum: Gruppen- oder Klassenraum am Tisch oder auf dem Boden.

Material: Geomag color Baukasten bestehend aus 120 Teilen, dazu Kronkorken, Eisenteile (Schrauben, Unterlegscheiben, Drähte, Bleche, Unterlegscheiben, Winkel, Metallautos ...).

Gruppengröße: 1–25 Kinder.

Varianten:

- Auf einer Pappscheibe werden verschiedene Eisenteile wie von Zauberhand bewegt. Das Magnetstäbchen wird unter der Pappscheibe hin und her bewegt.
- Wer baut den höchsten Kronkorken-Turm?
- Welches Metall ist nicht magnetisch?
- Mit dem Magnetismus (abstoßend und anziehend) spielen. Dabei nur die Stäbchen verwenden.

Zahnstocher und Erbsen oder Kastanien

Einfach aber wirkungsvoll, hier begeistern sich vor allem die feinmotorischen Spezialisten!
Für diese Bastelaktion werden Erbsen und Zahnstocher benötigen. Die Erbsen werden zunächst ca. 12 Stunden in Wasser eingeweicht und dann getrocknet. Die Erbsen sind nun weich genug, so dass die Zahnstocher hineingebohrt werden und dreidimensionale Gebilde entstehen. Wenn die Kinder sich für dieses Angebot begeistern, entstehen im Handumdrehen kleine Tiere, Gebäude und formschöne Kunstwerke. Statt der Erbsen können auch Kugeln aus Knete benutzt werden.
Dies ist nur ein mögliches Beispiel für das Schaffen von festen Verbindungen.

Raum: Gruppen- oder Klassenraum am Tisch oder auf dem Boden.

Material: Grüne Erbsen, Zahnstocher, Knete, Weintrauben.

Gruppengröße: 1–25 Kinder.

Varianten:
- Aus Streichhölzern und Kastanien werden Gebäude, Tiere oder andere Werke geschaffen.
- Ein Gebilde aus Zahnstochern und Weintrauben wird nach dem Bau verspeist.

Stifte und andere Alltagsgegenstände

Das Bauen mit Buntstiften zeigt ein Beispiel, wie auch vorhandene Alltagsgegenstände des Gruppenraumes in die Bauaktivitäten des Kindergarten- oder Schulalltags einbezogen werden. So legen Kinder Straßen, durch die sie mit den Spielzeugautos fahren oder bringen ihr Schiff in Fahrt. Sie entdecken dabei z. B. das Prinzip des „ägyptischen Transports“, wo mit Hilfe von rollenden Baumstämmen schwere Lasten transportiert wurden. Die Kinder benutzen dafür z. B. Buntstifte. Sie bauen mit den Stiften einen Turm, indem sie die Stifte zu einem offenen Viereck stapeln und nehmen die Unterschiede zu Bauklötzen (z. B. Kapla Steinen) wahr, denn dieser Turm wird recht wackelig.

Raum: Gruppenraum.

Material: Z. B. reichlich Buntstifte.

Gruppengröße: 2 – 12 Kinder.

Varianten:

- Die Kinder wählen sich je 10 Alltagsgegenstände und stellen daraus ein Kunstwerk her.
- Aus stabilen Büchern wird ein Turm, eine Brücke oder eine Zeltstadt gebaut.

Die Zauberpalme

Zunächst werden 2–3 Zeitungen nicht so eng zu einem Stab aufgerollt. Anschließend wird dieser Stab von oben bis zur Mitte so eingeschnitten und auseinandergezogen, dass 4 gleiche Streifen entstehen. Jetzt werden die Streifen der mittleren Zeitung vorsichtig nach oben gezogen. Jetzt darf gestaunt werden, denn schon ist die berühmte Zauberpalme entstanden.
Wird nun das untere Ende einige cm umgeknickt und festgedrückt, entsteht ein wunderbarer Wurfpfeil, der recht stabil, aber nicht gefährlich ist. Die Kinder können ihn durch den Raum oder auf ein Ziel werfen oder den Wurfpfeil für ihr Rollenspiel (z. B. Indianer sein) nutzen.

Raum: Gruppenraum, Bewegungsraum, Außengelände.

Material: Tageszeitungen, Scheren.

Gruppengröße: 1–25 Kinder.

Durch eine Postkarte steigen

Diese Aktion könnte z. B. mit einer Aufgabe: Wie könnt ihr die Postkarte zerschneiden, so dass Ihr durchsteigen könnt? oder einer Wette beginnen: Wetten, dass ich es schaffe, durch ein Loch in einer Postkarte zu steigen! Eine tolle Aktion die eine Menge Spaß und Bewunderung mit sich bringt und die sich auch für Stationen in Parcours und Staffelspiele eignet.

Raum: Gruppen- oder Klassenraum.

Material: Postkarten (10 cm × 15 cm), Scheren.

Gruppengröße: 1–25.

Variante:

- Ein DIN-A4-Karton bietet etwas mehr Platz.

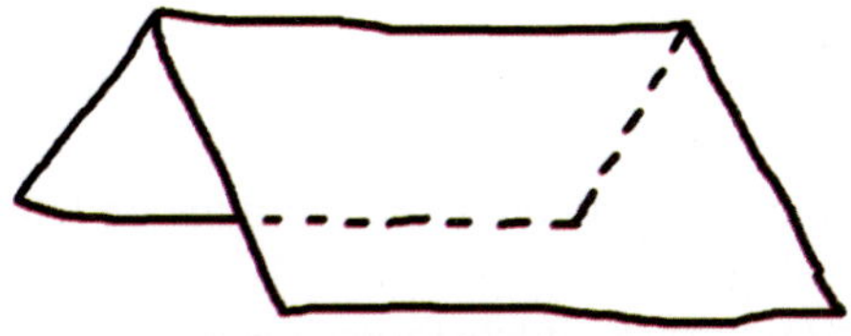

Postkarte einmal längs falten

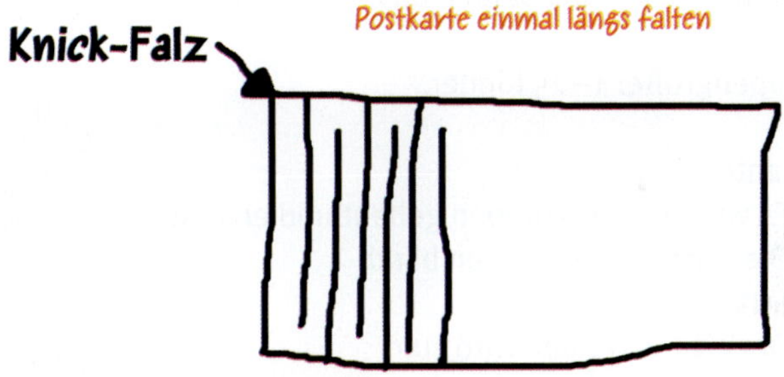

Mit der Schere Längsschnitte abwechselnd von der einen und von der anderen Seite schneiden. Nicht ganz durchschneiden, am Ende immer einen halben Zentimeter stehen lassen. Es sollten 21 Schnitte gemacht werden.

Am Kinck-Falz mit der Schere nun längs einschneiden. Wichtig ist, dass die äußeren Verbindungen stehen bleiben.

Das Ganze jetzt vorsichtig aufklappen und auseinanderfalten. Das ist das Loch, durch das ihr bequem durchsteigen könnt.

Der Buchstabenturm – Erzählen und Bauen

Dicke Holzbuchstaben oder Buchstabenkartons lassen sich mittlerweile ziemlich günstig in Dekorationsgeschäften oder übers Internet erwerben. Je dicker sie sind, desto besser lassen sie sich auftürmen.
Hier eine bewährte Spielidee: In die Mitte wird ein kleiner Tisch zum Bauen hingestellt. Die Kinder sitzen um diesen Tisch herum und bekommen jeweils einen Buchstaben.
Nun setzen sie der Reihe nach einen Buchstabe auf den anderen. Wer den ersten Buchstaben baut, beginnt mit dem ersten Satz der Geschichte. (Beispiel: Hat er z. B. ein „H“, könnte die Geschichte wie folgt anfangen: Harald Hase wohnt in einem Hochhaus ...).
Der Nachfolgende wiederholt immer die Geschichte, stapelt seinen Buchstaben oben drauf und ergänzt die Geschichte mit seinem Buchstaben weiter. Wird der Turm zu wackelig, bauen die Kinder einen zweiten Turm daneben.

Raum: Gruppen- oder Klassenraum am Tisch oder auf dem Boden.

Material: Dicke Buchstaben aus Holz oder Karton.

Gruppengröße: 1–25 Kinder.

Varianten:

- Es wird in Kleingruppen gebaut und erzählt.
- Die Buchstaben werden blind ertastet.
- Der eigene Namen wird zum Turm gestapelt.
- Der Zahlenturm – hier wird gerechnet.

Da kommt die Eisenbahn ...

Holzeisenbahnen gehören in vielen Einrichtungen zum Inventar. Die Kinder entwickeln damit immer wieder neue Strecken und spielen neben ihrer Bautätigkeit auch einige Themen des Alltags wie Reisen, Besuche, Unfälle, etc. nach. Die Hersteller bieten oft Brücken und anderes Zubehör an, das fertig ist und nicht viele Variationsmöglichkeiten zulässt.
Die Kinder, die schon Erfahrungen mit der Bahn gesammelt haben werden zu komplexeren Bautätigkeiten angeregt, indem wir Ihnen zusätzliche Bauklötze zur Verfügung stellen. So werden eigene Brücken gebaut, über die die Schienen laufen oder es wird ein Tunnel konstruiert, durch den die Bahn fährt. In einer Einrichtung konnten wir wahre Bauprofis beobachten, die eine Bahn aus dem Hochgebirge (Tisch) bis an die See (Boden) fahren ließen. Dies erforderte neben großen Bausteinen von den Kindern viel Geduld, denn das Entgleisen der Bahn oder der Einsturz von Brückenteilen gehörten dazu.

Raum: Gruppenraum, Flur.

Material: Holzeisenbahn (z. B. Brio oder Eichhorn), Bausteine, evtl. Tisch oder Podest.

Gruppengröße: 1–6 Kinder.

Varianten:

- Die Bahn wird auf ein leicht schräg gestelltes Holzbrett gebaut.
- Die Kinder lassen Murmeln auf der Bahn rollen.
- Kurze Papphröhren, durch die die Schienen geschoben werden, können als Tunnel in das Spiel einbezogen werden.

Der blinde Baumeister

Haben die Kinder mit einem Baumaterial schon vielfältige Erfahrungen gesammelt, können sie sich einer neuen Herausforderung stellen. Sie werden zu „blinden“ Baumeisterinnen oder Baumeistern, die mit den Bauklötzen oder mit Lego einen Turm oder ein Bauwerk herstellen. Sie bekommen die Augen verbunden und starten dann ihr Vorhaben. Spannend wird es auch, wenn es ein Team von zwei Baumeistern gibt, die sich ergänzen. Der Sehende kann reden und der Blinde bauen.

Raum: Klassen- oder Gruppenraum.

Material: Augenbinden, Baumaterialien wie z. B. Fröbel-Gaben, Kapla, Bausack, Lego, Duplo, Holzscheiben oder Becher. Je kleiner und leichter das Material ist, desto schwieriger wird die Aufgabe.

Gruppengröße: 1–12 Kinder.

Variation:
- Jeweils zwei Mitspieler haben das gleiche Baumaterial zur Verfügung. Sie haben sich den Rücken zugewandt und versuchen das gleiche Bauwerk zu konstruieren. Sie sprechen miteinander, sollen aber nicht schauen, was ihre Partner baut.

Make'n break

Das Gesellschaftsspiel „Make'n break" (Ravensburger) besteht aus bunten Bauklötzen, Spielkarten, die eine Vielzahl von möglichen Konstruktionen zeigen, einer Spieluhr, einem Würfel und Punktekarten. Die Spielidee besteht daraus, möglichst schnell eine auf der Karte dargestellte Konstruktion nachzubauen. Dieser „Bauspaß gegen die Uhr" wird vom Hersteller für 2–4 Mitspieler ab 8 Jahren empfohlen.
Diese Idee lässt sich aber auch losgelöst von der Uhr und dem Wettspielcharakter umsetzen und ist dann auch durchaus für jüngere Kinder geeignet. Spannend wird es auch, wenn die Kinder sich eigene Konstruktionen ausdenken und diese mit einem zweiten Satz Bauklötze nachbauen. Auch wenn wir die Konstruktionen mit einem Foto festhalten und dies den Kindern zu einem späteren Zeitpunkt zur Verfügung stellen, können sie diese nachbauen.

Raum: Gruppen- oder Klassenraum.

Material: Spiel „Make'n break", vorhandene Gegenstände und Baumaterialien.

Gruppengröße: 1–4 Kinder.

Variation:

- Die Idee wird mit vorhandenem Material (z. B. Bauklötze, Naturmaterialien, Plastikbecher) umgesetzt, das zweifach vorhanden ist. Eine Person oder eine Gruppe baut etwas aus dem Material und die anderen haben die Aufgabe, dies (möglichst schnell) nachzubauen.
- Das Spiel ist auch mit Duplo oder Lego umsetzbar.

LEGO, DUPLO, …

Bausteine und Materialien aus Kunststoff, die durch Noppen verbunden werden, haben sich mit den LEGO Bausteinen in der Welt verbreitet. Im Unterschied zu Bauwerken mit Holzbauklötzen werden feste Verbindungen geschaffen und es entstehen völlig andere Konstruktionen. Heute gibt es viele Varianten dieses Materials, die hier nicht aufgezählt werden sollen. In vielen Kindergärten findet sich dieses Material, das in seiner „technikreichen" Variante besonders ältere Kinder anspricht. Auch wenn es heute viele thematisch vorgegebene Materialkästen mit unterschiedlichen Kleinteilen gibt, sollten die Kinder zunächst die Vielfalt der Bau- und Konstruktionstätigkeit mit Grundbausteinen kennen lernen. Die Kinder schaffen eher selbst erdachte Konstruktionen und „kleben" nicht an Bauanleitungen. Die Suche nach speziellen Kleinteilen entfällt zugunsten der eigentlichen Bautätigkeit.
In ihrem Fantasiespiel beleben die Kinder dann mit kleinen Tieren, Autos oder anderen Materialien ihre Bauwerke.
Bauen die Kinder ausschließlich oder überwiegend mit diesen Baumaterialien, bleiben ihnen grundlegende Erfahrungen und Erkenntnisse der Statik vorenthalten, d. h. das Bauen im Kindergarten sollte sich keinesfalls darauf reduzieren.

Raum: Gruppenraum.

Material: Grundbausteine LEGO, DUPLO, …

Gruppengröße: 1–6 Kinder.

Variation:

Papierbrücken

Sobald das Bauspiel der Kinder etwas komplexer wird, entstehen neben den Türmen und Straßen auch häufig Brücken. Kleine Auto überqueren eine Schlucht oder die Ritter den Wassergraben. Neben Holzleisten bieten sich hier auch Brücken aus Papier an.

Eine stabile Brücke lässt sich aus Zeitungs-, Kopier- oder Bastelpapier auf vielfältige Weise herstellen und es ist spannend, die Kinder mit Papier, Schere und Kleber experimentieren zu lassen. Eine Möglichkeit besteht darin, ein Din4 Blatt zu halbieren und dann eine Hälfte drei bis viermal längs zu falten und so zusammenzukleben, dass ein schmaler, stabiler Streifen entsteht. Aus der anderen Hälfte werden kleine Röllchen in der gleichen Breite hergestellt oder es wird eine „Ziehharmonika“ gefaltet, die mit einem weiteren Papierstreifen unter dem stabilen Streifen verklebt werden. Die Brücke kann nun angemalt werden und feste Papierrollen oder Holzklötze dienen als Brückenpfeiler. Die Stabilität der Brücke wird im Spiel mit Figuren oder Autos getestet.

Raum: Gruppen- oder Klassenraum.

Material: Papier, Schere, Kleber.

Gruppengröße: 1–25.

Variation:
- Ältere Kinder und Jugendliche können eine Vielfalt von technisch anspruchsvollen, stabilen Papierbrücken entwickeln. Ein Beispiel dafür findet sich im Internet unter den Suchbegriffen „Brückenbau-Wettbewerb 2008, Universität Siegen“.

Spiegelwelten

Einfach mal auf einem Spiegel bauen und schon beginnt die Reise in die Spiegelwelt. Hier wird aus einem Halbkreis ein Kreis, aus einem Dreieck ein Viereck, aus einer Kurve ein C, Türme schweben und eine Playmobilfrau spiegelt sich.

Raum: Gruppen- oder Klassenraum.

Material: Spiegel, Bausteine, Bausteine mit Spuren und Wegen, Alltagsmaterialien.

Gruppengröße: 1–12 Kinder.

Im Land der Schatten

Petrosilius Zwackelmann hat das Bauwerk durch einen Zauber verschwinden lassen. Nur noch die Schatten des Bauwerkes sind noch zu sehen. Jetzt gilt es herauszufinden, wie das Gebilde zuvor ausgesehen hat und es wieder neu aufzubauen.
Für die Bauaktivität sind die Holzbausteine aus dem Uhl Bauwagen ideal. Für den Rahmen, der die Vorlagen (Schatten) hält, werden die Holzwände zusammengeleimt. Die Blanko-Vorlagen (DIN A3 & DIN A4) werden von Hand gezeichnet und dann mit dem Kopierer vervielfältigt. Natürlich können eigene Ideen auf den Blanko-Vorlagen gestaltet werden.

Raum: Gruppen- oder Klassenraum

Material: Z. B. Uhl Bauwagen, 2 Holzplatten (DIN A3, DIN A4), Papier (DIN A3, DIN A4)

Gruppengröße: 1–4 Kinder

Variante:

- Diese Spielidee kann man auch sehr schön mit einem Schattentheater umsetzen. Eine Gruppe baut etwas vor und macht ein Foto davon. Die andere Gruppe bekommt das Foto und versucht nun diese Vorlage genauso nach zu bauen. Mit den entstanden Vorlagen kann beim nächsten Mal direkt losgelegt werden.

Bauen und Bewegen im Gruppen-, Klassenraum oder Flur

Bauen und Bewegen im Gruppen-, Klassenraum oder Flur

Bauen sollte nicht nur eine sitzende und kleinräumige Tätigkeit sein. Der Tisch, der Bauteppich und der kleine Raum werden jetzt verlassen. Ob im Gruppenraum, Klassenraum oder im Flur, die Bau- und Konstruktionsmöglichkeiten sind vielfältig und erweitern sich noch im Bewegungsraum. Dabei reichen oft die Alltags- und die Standardmaterialien der Kita, Schule oder Therapieeinrichtung aus, um Bau- und Spielaktivitäten zu eröffnen, bei denen die Kinder ihre Fantasie und ihren ganzen Körper einsetzen können. Der Zusammenhang von Bewegung und Bauen ist hier ausdrücklich erwünscht. Einige diese Ideen lassen sich mit einzelnen Kindern auf kleinem Raum umsetzen. Sobald größere Gruppen mitspielen, sind aber Bewegungsräume und Außenspielflächen sinnvoll.

Der schiefe Turm

Wenn Kinder einige Erfahrungen beim Bauen von Türmen gewonnen haben, suchen sie neue Herausforderungen. So wird ihnen z. B. ein Bild vom schiefen Turm von Pisa gezeigt und etwas über die Entstehung dieses ungewöhnlichen Turms erzählt. Dann erhalten sie eine schräge Fläche, z. B. eine Sperrholzplatte, bei der einseitig Bauklötze unterlegt sind. Oder sie benutzen ein schräg gestelltes „Varussell“ als Baugrund und bauen darauf mit ihren Bausteinen. Je nach Neigungswinkel und Erfahrung der kleinen Architekten kommt es früher oder später zum Einsturz. Manches Mal haben wir Überraschungen erlebt und zur Vollendung des Turms war eine Leiter notwendig oder die Bausteine wurden knapp.

Raum: Gruppen- oder Bewegungsraum.

Material: (Sperr-)Holzbrett oder Varussell, reichlich große Bausteine.

Gruppengröße: 2–4 Kinder.

Variante:
- Auf einer umgedrehten Balancierhalbkugel oder einem Therapiekreisel werden Türme gebaut. Dies ist schwierig, da die Halbkugel jederzeit zu allen Seiten kippen kann.

Bauen mit großen Bausteinen

Wenn Kinder mit großen Materialien tätig werden, machen sie eine Menge neuer Erfahrungen. Die Bausteine z. B. aus dem Kölner-Bauwagen oder der Uhl-Bauwagen sind deutlich größer als klassische Bauklötze und haben ein höheres Gewicht. Die Kinder setzen ihre Kräfte anders ein, um einen Turm oder ein Gebäude zu bauen. Schnell entstehen begehbare Häuser oder Türme oder Hindernisse die es zu überwinden gilt.

Raum: Gruppen- oder Bewegungsraum.

Material: Z. B. Kölner-Bauwagen oder Uhl-Bauwagen.

Gruppengröße: 1–10.

Variante:
- Ein Kind legt sich in der Bauchlage entspannt auf den Boden und ein Partner bedeckt den Rücken mit den Bausteinen.

Reifenturm

Ein Gymnastikreifen, der flach auf dem Boden liegt, bildet die Grundmauer für unseren Reifenturm. Die Kinder stellen Holzbausteine einheitlicher Größe oder – wenn vorhanden – Korken oder Klangstäbe hochkant auf den Reifen, bevor wieder ein Holzreifen aufgelegt wird. Dieser Bauvorgang wird nun mehrmals wiederholt. Besonders spannend und hoch wird der Reifenturm, wenn genug Material vorhanden ist.
Mit Baubeginn kann sich auch ein Kind in den Turm stellen und von innen mithelfen.

Raum: Gruppenraum, Flur, Bewegungsraum.

Material: 4–10 Reifen, Klangstäbe, Korken oder Bauklötze.

Gruppengröße: 2–6 Kinder.

Varianten:
- Reifenkönig/in: Die Königin (ein Kind) sitzt mit geschlossenen Augen in einem Reifen. Die anderen bauen um diese Königin (wie oben) ganz leise ein Schloss. Wenn das Schloss fertig ist, öffnet die Königin ihre Augen.
- Beim Turm mit Korken werden nach dem „Jenga-Prinzip“ die Korken unten entnommen und oben aufgebaut.

Zimmerbumerang

Dieser Bumerang fliegt auf kleinem Raum zum Werfer zurück und ist ungefährlich. Er wird aus einem mittelgroßen Partyteller hergestellt, indem ein Kreuz (ca. 3 cm breit) mit vier gleichen Enden gezeichnet und dann ausgeschnitten wird. Wenn jüngere Kinder selbst zeichnen, ist ein fertiger Bumerang, der als Zeichenvorlage auf den Teller gelegt wird, hilfreich. Anschließend kann der Bumerang bemalt werden und schon wird er durch das Zimmer geworfen. Bei einem graden Wurf und guter Rotation kommt er dann zum Werfer zurück.

Raum: Gruppen- oder Klassenraum.

Material: Mittelgroße Partyteller, Buntstifte, Scheren.

Gruppengröße: 1–25.

Variante:
- Zwei Pappstreifen werden zusammengeheftet und zu einer Seite gebogen.

„Juhu, ich habe ein Zelt"- Konstruktionen mit Zollstöcken

Viele Kinder lieben es mit Zollstöcken zu spielen. Vermutlich sind sie deshalb so interessant, weil sie zu Hause oft unter Verschluss gehalten werden. Die Kinder messen wie ihre Eltern mit ernster Miene alles aus, auch wenn sie die Zahlen noch nicht lesen können. Sie bauen sich ihre Handys und Funkgeräte und telefonieren miteinander. Wenn sie einige Spielerfahrungen mit Zollstöcken gesammelt haben, bauen sie auch kleine Türme, legen Linien, über die sie balancieren. Sie bauen Straßen, durch die sie mit Rollern und Rollbrettern fahren.
Kinder sind besonders stolz, wenn Zelte oder Häuser entstehen. Zwei in der Mitte geklappte Zollstöcke werden zu einem Indianerzelt, das natürlich auch mit leichten Tüchern noch bunt gestaltet werden kann. Die Konstruktion eines größeren Hauses, in dem zwei Kinder Platz finden, bedarf der Geduld und zu Anfang auch der Unterstützung durch die Erzieherin.

Erfahrungsgemäß spenden Eltern gern einige Zollstöcke, wenn die Bitte mit einem schönen Foto (z. B. ein Kind im Zollstockzelt) gestaltet wird.

Raum: Beliebig.

Material: Je Kind ein Zollstock, der auseinander geklappt genug Stabilität hat. Stabile Flasche. Bei kleinen Kindern 1 Meter Zollstock.

Gruppengröße: 1–25 Kinder.

Varianten:
- Der ausgeklappte Zollstock wird auf einer stabilen Flasche ausbalanciert. Wie viele Zollstöcke lassen sich auf eine Flasche legen?
- Jedes Kind balanciert einen Zollstock z. B. auf dem Finger, dem Fuß, dem Kopf ...
- Zwei Kinder balancieren gemeinsam einen Zollstock.
- Gruppen von je 2–5 Kindern bilden eine „Eisenbahn-Schlange". Sie legen einen ausgeklappten Zollstock auf die linke und einen auf die rechte Schulter und beginnen die Zugfahrt durch die Räume.
- Das „Zollstock-Katapult": Mit den Zollstöcken werden Korken oder Tischtennisbälle durch den Raum „geschossen".
- Die Kinder experimentieren mit den Zollstöcken und anderen Materialien wie Wasserkästen oder großen Holzbausteinen.
- Mit dem Zollstock werden Zahlen, Buchstaben oder ganze Sätze gelegt.

Reifenhaus

Die Kinder stellen Reifenhäuser her, in die sie sich hinein setzen können. Dabei gibt es einige Lösungen: Für das klassische Reifenhaus werden je Haus 6 gleich große Reifen benötigt. Bunte Reifen ergeben ein schönes Bild, die Holzreifen sind in der Regel stabiler. Einer wird auf den Boden gelegt, zwei werden in diesen Reifen gestellt und oben gegeneinander gelehnt, zwei weitere folgen an den freien Seiten. Der letzte Reifen wird oben drauf gelegt – jetzt ist das Haus stabil. Kinder mögen es, wenn das Haus mit einem Tuch oder einer Decke zur Höhle wird, die nur an einer Seite einen Eingang hat. 2–4 Kinder passen gleichzeitig in ein Haus.

Raum: Gruppen-, Bewegungsraum, Flur, Außengelände.

Material: 6 Reifen je Haus, bei Hochhäusern werden für das erste Haus 6 Reifen und für jede weiter Etage 5 Reifen benötigt, ein Tuch oder eine leichte Decke, für das fliegende Haus noch Seile oder Klebeband.

Gruppengröße: 1–4 Kinder je Reifenhaus.

Varianten:
- Die Wege zwischen den Häusern werden verbunden und die Kinder besuchen sich gegenseitig.
- Hochhaus: Ein oder mehrere weitere Reifenhäuser werden nach dem gleichen Prinzip über das erste gebaut.
- Ein Reifenhaus wird auf eine große Bamboleo-Platte gebaut.
- Die Kinder „dekorieren" das Reifenhaus mit Figuren (Lego, Playmobil, Figuren aus dem Ü-Ei), Klötzen oder Deko-Material.

Von Burgen und Türmen – Bauen mit Papier

Der Bau von Burgen, Türmen oder Häusern aus Papier ist ohne Klebstoff nicht gut vorstellbar. Deshalb ist es besonders spannend, wenn diese Kunstwerke entstehen.
Um zu beginnen, bedarf es einer gewissen Vorbereitung. Ein DIN-A4-Blatt ist zum Bauen im dreidimensionalen Raum erst einmal sehr instabil. Um die notwendige Stabilität zu erhalten, falten wir DIN-A4-Blätter mit Hilfe einer besonderen Falttechnik dreimal. Diese Leporello- oder Zickzackpfalztechnik verleiht dem einzelnen Blatt eine gute Stabilität, so dass wir auf unser aufgestelltes Stück Papier ein normales Blatt Papier auflegen können. Nun wird die nächste Etage gebaut. Sind die gefalteten und losen Blätter vorbereitet und liegen in entsprechenden Boxen oder Schuhkartons bereit, kann sofort gebaut werden. Kinder gehen in der Regel mit dem Baustoff Papier sehr vorsichtig um und lassen je nach Alter und Bedürfnis kleine und große Gebäude entstehen.

Raum: Gruppen- oder Klassenraum.

Material: Ca. 200 Blatt DIN-A4-Papier (120 g, bunt), Tortenplatten.

Gruppengröße: 1–25 Kinder.

Variante:
- Sobald die Burg fertiggestellt ist, kann sie mit Spielfiguren belebt werden.

Über Tische und Stühle?

Auch wenn Renate Zimmer provokativ forderte: „Schafft die Stühle ab“, gibt es in der Regel in den Kindergärten und Schulen noch genug davon. Warum sollten wir sie also nicht auch zum Bauen nutzen?
Die Stühle stehen mit genügend Abstand frei im Raum. Die Kinder erhalten die Aufgabe, sich in unterschiedlicher Weise auf den Stuhl zu setzen, zu legen und dann auf dem Stuhl zu stehen.
Anschließend werden die Stühle enger, aber ungeordnet zusammengestellt. Die Kinder suchen sich nun einzeln und dann in Kleingruppen Wege über und unter diesem Stuhllabyrinth. Die Fortbewegungsmöglichkeiten wählen sie selbst. Besonders spannend wird es, wenn in der Mitte noch zwei oder drei Tische stehen. Wenn dann das Gebilde mit einem großen Tuch bzw. Fallschirm überdeckt wird, ist das Abenteuer perfekt.
Übrigens: Nach dieser Aktion gehen die Kinder nicht mehr als zuvor „über Tische und Bänke“.

Raum: Gruppenraum.

Material: Stühle, großes Tuch, Tische.

Gruppengröße: 2–12 Kinder.

Varianten:

- Einbahnstraße: Tische und Stühle werden zu einer Bahn gebaut und eine Richtung wird festgelegt, in der die Bahn genutzt wird.
- 2 Tische und ein Tuch bilden eine Höhle als Rückzugsmöglichkeit für die Kinder.

„Nicht von Pappe“ – Spielen mit Papprohren

Einige Papprohre von ca. einem Meter Länge werden im Raum so aufgestellt, dass die Kinder knapp hindurchgehen können. Die Kinder erhalten die Aufgabe sich zwischen den „Säulen“ zu bewegen, ohne sie zu berühren. Dann bekommen sie Tennis- oder Plastikbälle, die in die Rohre geworfen werden sollen, ohne dass diese umfallen. Nach diesem Einführungsspiel haben sie Gelegenheit, mit dem Material zu experimentieren.
Hier sind einige beispielhafte Bauideen: Eine leichte Turnmatte wird als Dach über die Säulen gelegt. Können wir den Weg gehen, ohne dass das Gebäude einstürzt?
Kleine Kinder lieben es, ein Papprohr mit Bällen zu füllen (ideal sind die leichten, bunten Bälle aus einem Bällchenbad) und es dann hochzuheben, so dass die Bälle unten hinaus rollen können.

Raum: Flur, Bewegungsraum, draußen.

Material: 10–20 stabile, aber nicht zu schwere Papprohre von ca. einem Meter Länge.

Gruppengröße: 1–25 Kinder.

Varianten:

- Die Papprohre werden aufgestellt und wie bei einer „Wurfbude“ mit Tennisbällen umgeworfen.
- Die Papprohre liegen nebeneinander auf dem Boden und eine Turnmatte darauf. Die Kinder legen sich auf dieses kleine Schiff und werden hin- und her gerollt.
- Für ältere Kinder wird ein stabiles Brett auf eine stabile Papprolle gelegt und dient zum „surfen“, d. h. zum balancieren in allen Varianten.

Bergsteigen

Aus einigen Tischen wird ein Berg gebaut, der von „Bergsteigern“ bestiegen werden kann. Er entsteht, wenn 2–4 Tische nebeneinander stehen. Da Tische in ihrer Form und dem Abstand der Tischbeine sehr unterschiedlich sind, sollte die Pädagogin genau überprüfen, ob die Konstruktion möglich ist. In der Regel können Kinder diese Gebilde nicht allein schaffen, aber sie können sich überlegen, wie mit den Tischen gebaut werden kann und beim Bau mithelfen.

Raum: Gruppenraum.

Material: Mehrere Tische.

Gruppengröße: 2–12 Kinder.

Varianten:

- Wenn eine Weichbodenmatte vorhanden ist, können die Kinder vom Berg abspringen. Der Tisch sollte dann festgehalten werden, so dass er nicht wegrutscht.
- Über diesen Berg wird ein Schwungtuch gelegt, so dass eine Berghöhle entsteht.

Löwe füttern

Stabile Pappröhren lassen sich auch in der Längsrichtung so halbieren, dass eine Rinne entsteht. Durch diese Rinne lassen die Kinder Murmeln und Bälle laufen und können diese jederzeit sehen. Ein reizvolles Ziel für die Kinder ist das Spiel Löwenfütterung: Die Rinne wird auf einen Tisch gelegt und mit Hilfe von großen Holzklötzen so ausgerichtet, dass ein Tennisball (Löwenfutter) den richtigen Schwung bekommt, um sein Ziel zu erreichen. Ein Pappkarton oder ein Eimer mit einem Löwengesicht und einem weit geöffneten Maul animiert die Kinder zur Fütterung des hungrigen Tieres.

Raum: Gruppenraum, Flur.

Material: Stabile Pappröhre längs durchgeschnitten, Spielzeugautos, große Holzklötze, Murmeln, Tennisbälle.

Gruppengröße: 1–4 Kinder je Rinne.

Variante:

- Die Autorennbahn: Als besonders spannend empfinden einige Kinder, wenn sie ihre Spielzeugautos durch diese leicht abschüssige Straße fahren lassen. Die Kinder experimentieren wie steil die Straße sein darf, wenn die Autos unfallfrei hinunterfahren sollen. Dies variiert von Auto zu Auto, da sie verschieden groß und schwer sind.

Der Irrgarten – Zwischen Stäben und Reifen

Als eine sinnvolle Ergänzung zu vorhandenen Reifen und Stäben bieten Sportgerätehersteller Stab- und Reifenhalter sowie Stab- und Reifenklammern an. Wird dies noch ergänzt durch Schleuderhörner (Heulrohre) und bunte Tücher, lassen sich tolle Hindernisse, Durchgänge und Tunnel konstruieren. Diese Materialien können die Kinder gut transportieren und so beim Bau kleiner Spiellandschaften mitwirken.
Reifen und Stäbe werden in die Halter gestellt und mit Hilfe der Klammern und Stäbe werden Querverbindungen geschaffen, die die Konstruktion stabilisieren. Die Schleuderhörner lassen sich über die Stabenden ziehen, so entstehen runde Torbögen. Die Stab- und Reifenklammern sind in der Regel nicht so leicht zu befestigen, sodass hier der Erwachsene schon mal zur Unterstützung gebraucht wird. Sobald der Irrgarten fertiggestellt ist, suchen die Kinder krabbelnd oder kriechend Wege durch ihr Gebilde. Dieser Irrgarten macht für große Gruppen nur als Teil einer Bewegungslandschaft Sinn, da ihn nicht zu viele Kinder gleichzeitig nutzen können.

Raum: Bewegungsraum, Flur, Außengelände.

Material: Mindestens 6 Gymnastikreifen, 10 Gymnastikstäbe, 12 Stab- und Reifenhalter, 20 Stab- und Reifenklammern, einige Heulrohre, evtl. Baumwoll- oder Chiffontücher, kleine Schwungtücher.

Gruppengröße: 2–12 Kinder.

Varianten:
- Es wird ein Hindernisparcours gebaut, bei dem es mal drunter und mal drüber geht, der aber in einer Richtung genutzt wird.
- Es werden Tore gebaut, durch die mit Rollbrettern gefahren werden kann.

Die Eisverkäufer

Dieses Spiel haben die Kinder an einem Sommertag entwickelt. Aus dem Bauspiel mit einer Vielzahl von unterschiedlichen Plastikbechern (Jogurt, Quark, Eis, ...) sind verschiedene Spielformen entstanden. Das Sortieren der Becher nach Größe und Farbe und der Bau von Türmen stand dabei am Anfang. Die vorhandenen Rollbretter und die Eispackung gaben den Anstoß mobile Eiswagen zu bauen. Die Becher wurden auf dem Fahrzeug verteilt und nun begann die Fahrt des Eisverkäufers zu seinen Kunden. Bunte Bälle, die als Eiskugeln in den Bechern verteilt wurden, machten das Bild perfekt.
Hier wird das Rollenspiel mit dem Bauspiel verknüpft und die Kombination des vorhandenen Materials eröffnet neue Lösungen, wie hier den Transport der Becher.

Raum: Bewegungsraum, Flur.

Material: viele Plastikbecher unterschiedlicher Größe.

Gruppengröße: 1–8 Kinder.

Variation:
- Auf die Rollbretter wird ein Turm gebaut, der dann eine bestimmte Strecke transportiert wird.

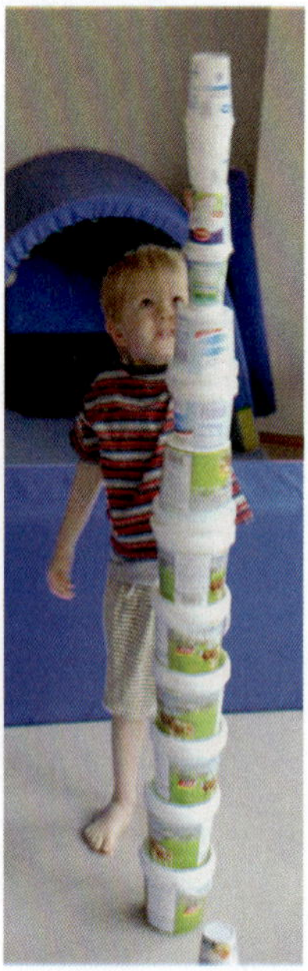

Das Floß – Bauen mit Poolnudeln

Poolnudeln gibt es vor dem Sommer in der Regel als günstiges Schwimmzubehör. Dieses Material lässt sich auch gut für andere Zwecke einsetzen. So ergeben die zwischen Wand und Turnbank eingeklemmten Poolnudeln runde Bögen, durch die die Kinder krabbeln oder mit dem Rollbrett fahren können. Die halbierten Poolnudeln animieren Kinder nicht selten zu kleinen Kämpfen, die aber mit diesem Material gefahrlos sind.
Die Kombination von Poolnudeln und Seilen regt häufig zum Floß-Bau an. Hier werden die Teile mit den Seilen intensiv verknotet.
Auch „Tauchflaschen" sind beim Spiel der Kinder schon entstanden ...

Raum: Bewegungs- oder Gruppenraum.

Material: Poolnudeln, halbierte Poolnudeln, Verbindungsstücke.

Gruppengröße: 2–25 Kinder.

Variation:

- Die halben Poolnudeln werden so unter und vor eine feste Turnmatte gelegt, dass kleine Kinder auf dem Floß sitzend hin- und her geschoben werden können. Ältere Kinder hechten sich mit Schwung auf die Matte, die dann abhängig von der Zahl der Poolnudeln durch den Raum gleitet.

Der Riese

Spielt der Riese in einer Geschichte oder einem Bilderbuch eine Rolle, zeigen die Kinder nicht selten riesige Lust einen solchen zu bauen.
Der Riese wird mit allen benötigten Materialien auf den Boden gelegt. Für den Körper sind Seile oder Zollstöcke geeignet, aber auch Tücher, Pylonen, Frisbees, Sandsäckchen und Steine sind beliebt. Der Riese hat natürlich auch große Hände und Füße und wird wie ein Riese angekleidet.

Raum: Bewegungsraum, Turnhalle, Schulhof, Außengelände, Natur.

Material: Seile bzw. Zollstocke, alle vorhandenen Kleinmaterialien.

Gruppengröße: 2–20 je nach Größe des Riesen.

Variationen:
- Der Riese lässt sich in der Natur auch wunderbar mit Ästen, Steinen, Tannenzapfen ... bauen.
- Mit Schulkindern haben wir auch schon Riesen in der Turnhalle gebaut, bei denen auch die Großgeräte wie Kästen, Bänke und Matten genutzt wurden.

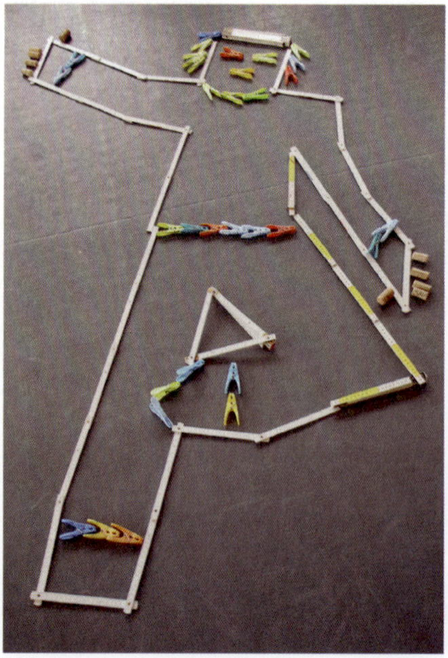

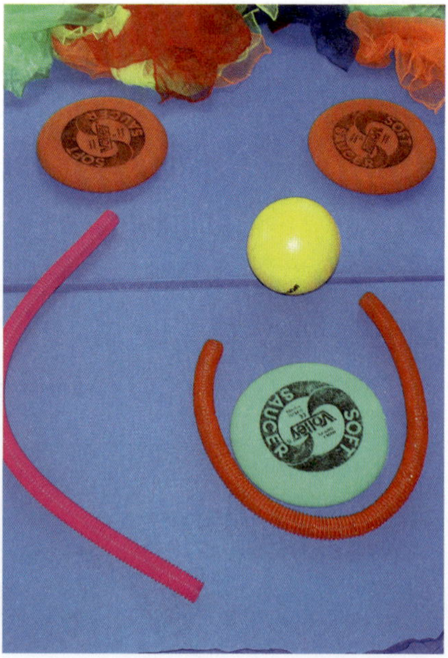

Murmeln auf dem Holzweg

Die Attraktivität und Vielfalt von Murmelbahnen wurde schon thematisiert. Dieser Vorschlag ist ein weiterer Beleg dafür. In einem Baumarkt werden dazu Holzprofilleisten (Hohlkehlleisten) besorgt, die auf der Unterseite stabil aufliegen und auf der Oberseite eine Form haben, so dass Murmeln darüber laufen können. Im Baumarkt haben sie z. B. eine Länge von ca. ein oder zwei Meter. Ideal ist es, wenn je Spielgruppe mindestens drei Leisten vorhanden sind. Diese Bahnen können mit vorhanden Holzbausteinen oder Büchern das notwendige Gefälle bekommen. Im Ziel rollen die Murmeln in eine Dose oder in einen Eimer.
Diese Bahn kann auch gut im Außengelände gebaut werden. Eine schräge Wiese, ein paar Steine oder Holzstücke können hier ebenso als Hilfsmittel dienen wie die Sandspielfläche.

Raum: Flur, Bewegungsraum, Außengelände.

Material: Je Gruppe mindestens 3 Hohlkehlleisten von ca. 1 Meter Länge, Holzbausteine, Dose.

Gruppengröße: 2–4 Kinder je Gruppe.

Varianten:

- Haben die Kinder mit den Holzleisten schon einige Male gespielt, bietet eine möglichst lange Bahn mit allen Leisten eine neue Herausforderung.
- Karambolage: Eine (dicke) Murmel wird dort auf die Bahn gelegt, wo kein Gefälle ist. Die Kinder versuchen nun, diese Murmel durch eine andere in Schwung zu bringen.
- Die Kinder halten eine Holzleiste mit einer Murmel darauf in der Hand und versuchen die Murmel hin und her rollen zu lassen, ohne dass diese runterfällt.

Karton City

Kartons von großen, elektronischen Geräten oder ausrangierte Umzugskartons bieten viele Spiel- und Bauanlässe. In einen großen TV-Karton lassen sich Türen oder Fenster sägen oder schneiden, er kann bunt angemalt werden und schon haben die Kinder ihr Haus. Besonders schön wird es, wenn viel Platz vorhanden ist und eine Stadt aus Kartons entsteht. Aus kleinen Kartons entstehen Gänge durch die die Kinder zum nächsten großen Haus gelangen.

Raum: Bewegungsraum, Flur, Außengelände.

Material: Einige große Kartons, Sägen, evtl. Farben, Malkittel, Folie als Unterlage.

Gruppengröße: 2–12 Kinder.

Varianten:
- 2–4 Rollbretter und ein stabile Turnmatte bilden die Grundlage für ein Wohnmobil, d. h. das Haus wird auf diese Unterlage gebaut.
- HiTec-Haus: Mit Hilfe von Taschenlampen, Klingeln, Uhren oder Dosen lässt sich ein hochmodernes Haus erschaffen.

Hier
öffnen!
Umzugskarton
Bücherkarton

SONY
59 kg
FRONT
AVANT
FRENTE

Die (Papier)Höhle

Ein aufwändiges, aber sehr lohnendes Bauprojekt ist eine große Papierhöhle, wie der Raumplaner Udo Lange sie vorschlägt. Hier wird zunächst in Kopfhöhe der Kinder ein stabiles Netz aus Packschnur hergestellt. Dafür werden Befestigungsmöglichkeiten an den Seiten benötigt. Dann werden große Flächen von jeweils 2–5 Metern Makulaturpapier (Reste sind oft bei Zeitungsverlagen zu bekommen) zerknüllt, so dass eine ungleiche Oberflächenstruktur entsteht. Diese Papierflächen werden jetzt mit Hilfe von Heftern und Klebeband auf und an dem Netz befestigt. Je nach Größe der Höhle ist auch der Bau von Zwischenwänden möglich. Entsteht ein Fenster mit Lichteinfall und experimentieren die Kinder mit Taschenlampen oder bunten Lichtquellen wird es ebenfalls spannend, da die Wände eine abwechslungsreiche Struktur haben. Der Bau dieser Höhle macht Sinn, wenn sie einige Tage oder Wochen stehen bleiben kann. Interessant ist es auch, wenn der Bau in ein Themen-Projekt (z. B. Steinzeit mit Höhlenmalerei) eingebunden wird. Die Kinder richten sich dann gern in der Höhle ein und hängen ihre Bilder auf.

Raum: Gruppenraum, Nebenraum. Voraussetzung ist, dass sich Schnüre an den Seiten befestigen lassen.

Material: Ideal ist PP-Schnur (Polypropylene-Packschnur), reichlich Makulaturpapier auf der Rolle, 4–8 Hefter, Klebeband, Taschenlampen.

Gruppengröße: Je nach Größe der Höhle 4–12 Kinder.

Variante:

- Stoffbahnen werden über gespannte Seile gelegt und mit Klammern befestigt. Diese Höhle ist dunkel und hat eine völlig andere Wirkung. Der Vorteil von Stoff liegt darin, dass das Material häufiger verwendet werden kann.

Jetzt geht es rund – das VARUSSELL

Das Varussell ist ein variables Karussell. Es lässt sich gut transportieren und es ist in seinem Neigungswinkel von 0–10 Grad verstellbar.
Auf dem Gerät können sich die Kinder ihrem Bedürfnis entsprechend sitzend oder liegend, gerade oder schräg, langsam oder schnell drehen. Das Drehen ist ein aktiver Prozess und manche Kinder suchen intensive vestibuläre Reize, indem sie sich wild drehen. Andere setzen sich vorsichtig auf die Drehscheibe und genießen die leichte Drehung.
Darüber hinaus ist es reizvoll, Gegenstände auf das Varussell zu legen und dann Schwung zu geben. Dabei lässt sich beobachten, wie die Fliehkräfte wirken und die Gegenstände nach außen geschleudert werden. Dieses Experimentieren mit unterschiedlichen Materialien und Formen ermöglicht den Kindern interessante Erkenntnisse. Die Kräfte, die sie beobachten, können sie auch an sich erleben, sobald sie auf dem Varussell sitzen und sich selbst drehen.

Raum: Gruppen- oder Klassenraum, Flur, Bewegungsraum, Außengelände.

Material: Varussell, evtl. mit Vergrößerungsscheibe oder Liegebrett, unterschiedliches Spielmaterial, Bauklötze, Murmeln, etc.

Gruppengröße: 1–6 Kinder.

Varianten:

- Es gibt andere Drehscheiben (z. B. von Loquito), die aber nicht schrägverstellbar sind.

„Tisch decken“

Dieser Tisch ist etwas Besonderes, ein echter Wackeltisch, der seine Tücken hat. Zunächst wird eine stabile Papphröhre von ca. 1 Meter Höhe aufgestellt. Auf der Röhre liegen ein Gymnastikball aus Gummi und ein rundes Sperrholzbrett. Auf diesen labilen Untergrund werden nun Gegenstände gelegt, die nicht rollen und die beim Fall nicht kaputt gehen.
Sehr beliebt ist das „Tisch decken“: Der Wackeltisch wird zunächst mit einer Tischdecke und dann mit Plastikgeschirr wie ein richtiger Tisch gedeckt. Beim Spiel im Außengelände können die Kinder auch versuchen, die Becher mit Wasser zu füllen ...
Dieses Spiel orientiert sich am Spiel „Bamboleo“, wird jedoch in größerem Raum und mit Alltagsmaterial bzw. Standardmaterial gespielt.

Raum: Gruppenraum, Flur, Bewegungsraum, Außengelände.

Material: Stabile Papphröhre oder Kunststoffröhre von 80–100 cm, Gymnastikball aus Gummi, runde Sperrholzplatte von ca. 70 cm Durchmesser und Material, das auf den Wackeltisch kommt, Plastikteller und Becher.

Gruppengröße: 2–6 Kinder je Tisch.

Gebilde aus Zeitungen

Für dieses Gebilde liegt ein Stapel Zeitungen bereit. Die Zeitungsblätter werden möglichst eng eingerollt, so dass lange Stäbe entstehen. Diese werden anschließend mit Klebestreifen fixiert. Das Herstellen dieser Stäbe ist für jüngere Kinder schwierig, so dass sie hierfür die Hilfe Erwachsener benötigen oder diese Stäbe vorher hergestellt werden müssen. Die Kinder experimentieren mit diesem Material: Z. B. die Stäbe balancieren, mit dem Stab einen Luftballon balancieren oder sie wie einen Sperr auf ein Ziel werfen.

Mit den Klebestreifen oder Schnüren kann aber auch eine stabile Konstruktion geschaffen werden, durch die die Kinder krabbeln können oder die sie mit dem Rollbrett durchfahren. Diese Bauaktion eignet sich sehr gut für Spielfeste. Hier empfiehlt es sich, einen Anfang zu gestalten und dann für Eltern und Kinder Material bereit zu legen. Bei unseren Spielfesten sind schon riesige Gebilde entstanden.

Raum: Gruppenraum, Flur, Außengelände.

Material: Tageszeitungen, Klebeband oder kurze Schnüre.

Gruppengröße: 2–25 Kinder.

Bauen auf labilem Untergrund – Vielfältige Variationen

An diesem Beispiel wird aufgezeigt, dass es unendlich viele Variationen von dieser Idee gibt.
Die Kinder können mit vielfältigen Stützen, Bällen und Spielbrettern frei experimentieren und so tolle Variationen entwickeln. Im Folgenden werden zahlreiche Beispiele aus unserer Praxis gegeben.

„Die Stütze"
Die Stütze ist die Basis, „der Fels in der Brandung", auf dem der Ball / die Kugel liegt.
Als Stütze können die unterschiedlichsten Objekte eingesetzt werden. Dennoch sollte man beachten, dass auch die Stütze umfallen kann. Deshalb bitte keine leicht zerbrechlichen Objekte nehmen wie z. B. Gläser, Tassen oder Glasschüsseln.

Hier finden Sie eine Übersicht von Alltagsmaterialien, die als Stütze bzw. als Unterlage für den Ball geeignet sind: Stabile feste Papprollen (z. B. Teppichpapprollen), Plastikbecher, Plastikschüsseln, Dosen, Plastikflaschen, Pappkartons, Körbe, Kissen, Sandsäcke, Eimer, Erdlöcher, Holzbalken, Baumstämme, zwei oder mehr Äste, Steine.

Die Stützkonstruktion sollte so gewählt werden, dass der Ball/die Kugel nicht ins Rollen kommt. Mit der Auswahl der Stütze hat man die Möglichkeit, die Stabili-

tät des Aufbaus positiv oder negativ zu beeinflussen. Wählt man dünne, leichte, hohe oder instabile Materialen, erhöht man das Schwierigkeitsniveau und umgekehrt. Damit Flaschen, Becher usw. nicht zu schnell umfallen, empfehlen wir diese mit Steinen oder Sand auf zu füllen. Stabile Teppichpapprollen bekommt man z. B. im Teppichgeschäft. Im Sand macht man einfach eine Kuhle und legt den Ball hinein. Auf einer Wiese könnte man z. B. ein kleines Loch buddeln. Natürlich gibt es noch weitere Möglichkeiten einen Ball zu fixieren.

„Der Ball“

Der Ball liegt auf der Stütze und das Spielfeld liegt auf dem Ball. Das alleine sorgt schon oft für Erstaunen und Begeisterung. Nun aber zum Ball, dem Dreh-, Wende- und Kipppunkt. Hier ist alles möglich, was kugelig oder eiförmig ist. Von der kleinen Holzkugel bis hin zum großen Pezzi-Ball, vom Rugby- Ball bis zur Styroporkugel. Alles ist erwünscht, alles ist erlaubt. Jeder diese Ballelemente gibt Anlass zum Experimentieren, denn jeder Ball hat unterschiedliche Eigenschaften und die wiederum verändern die Beweglichkeit und Empfindlichkeit des Spielfeldes. Mit der richtigen Materialauswahl, der Kugel/ dem Ball hat man die Möglichkeit, bei ein- und demselben Spiel das Geschicklichkeitsniveau von Anfänger bis Profi zu variieren.

Hier finden Sie eine Übersicht von Alltagsmaterialien, die als „Ball“ geeignet sind: Alle Ballarten aus dem Sport-, Therapie- und Freizeitbereich. Holzkugeln, Metallkugeln, Plastikkugeln, Flummis, Therapiekreisel, Luftballons, Rollen. Alle

kugeligen, runden Objekte in der Umwelt, wie Baumstämme oder Rohre. Natürlich machen wir auch vor rundem Obst, Nüssen oder hart gekochten Eiern nicht Halt.

„Das Spielbrett“

Das Spielbrett kann ebenfalls aus unterschiedlichem Material bestehen. Die Spielfläche muss nicht immer kreisrund sein. Sie darf alle möglichen Formen haben und muss auch nicht symmetrisch sein. Es sollte aber kein Material verwendet werden, das schnell zerbrechen kann. Die Materialeigenschaften nehmen großen Einfluss auf die Dynamik des Spiels. Von der dicken Pappe bis zur stabilen Multiplexplatte ist alles möglich. Auf dem Spielbrett wird mit Materialien gebaut, geschoben, gerollt oder gelegt. Die Spielfläche muss nicht unbedingt für diesen Zweck hergestellt werden. Es lassen sich auch Alltagsgegenstände verwenden, wie z. B. ein Kunststoffteller. Einfache Spielflächen, z. B. eine rechteckige Fläche, lassen sich schnell und einfach herstellen. Etwas aufwendiger wird es, wenn Bohrungen, Nagelfelder oder Versenkungen mit einplant werden.

Hier ein paar Tipps für das Spielbrett:
Material: Holz mit der Stärke von 3–20 mm und einem Durchmesser von 40–180 cm ist geeignet. Folgende Holzarten sind möglich Buche, MDF, Multiplex, Fichte, Speerholz. Als formstabil und robust erweist sich Multiplex Holz.

Zuschnitt: Sie können die Spielbretter im Baummarkt zuschneiden lassen oder sie selber mit einer Stichsäge, Bandsäge oder einer Dekupiersäge herstellen.

Bohrungen: Beim Spielspaß mit Murmeln dürfen Löcher auf dem Spielfeld nicht fehlen. Durch große Löcher sollen Murmeln hindurch fallen, in den kleineren können die Murmeln „geparkt“ werden. Am besten lassen sich die Löcher mit einer Standbohrmaschine bohren. Wenn dies nicht zur Verfügung steht, funktioniert auch der Akkubohrer oder die klassische Handbohrmaschine.

Alltagsmaterialien: Ob eine dicke Pappe, Plastikteller, Styropor oder Plexiglas – alles ist erlaubt, was eine Fläche hat, die nicht zerbrechlich ist.

„Spiel- und Baumaterial“

Jetzt geht es um das Spielmaterial, die Elemente, die für Aktionen auf und um das Spielbrett sorgen. Hier ist selbstverständlich auch wieder Experimentierfreude erwünscht. Auch hier ist alles erlaubt, was nicht zerbrechlich ist. Von der leichten Büroklammer bis zum schweren Stein, vom Becher mit Wasser bis zur Eisenkugel.

Hier ein paar Materialtipps:

Zum Bauen und Konstruieren: Magnetspiel Geo-Mag, verschiedene Holzbauklötze, Münzen, Bierdeckel, Wäscheklammern, Duplo, Lego, Kartons, Naturhölzer, Kugelbahnen, Becher, Steine, Schaumstoffwürfel, ...

Alles was kreiselt und rollt: Murmeln groß und klein, Holzkugeln mit und ohne Loch, Stahlkugeln, Tennisbälle, Spielautos und Eisenbahnen, Kreisel, hartgekochte Eier, Nüsse, ...

Querbeet für mehr Vielfalt: Wasserwaage, Sanduhr, Stoppuhr, Würfel, Schutzbrille, Schutzhandschuhe, Gummihandschule, Tera-Band, Pinsel, Malstifte, Farbe, Plastikbecher, die gelben Plastikeier aus den Ü-Eiern, Heftzwecken, Papier, Sand, Holzkegel, Sandsäckchen, Gymnastikreifen aus Holz, Schlauchmaterial, Nägel, Schrauben, Plastikflaschen, Kordel, Seile, Messbecher ...

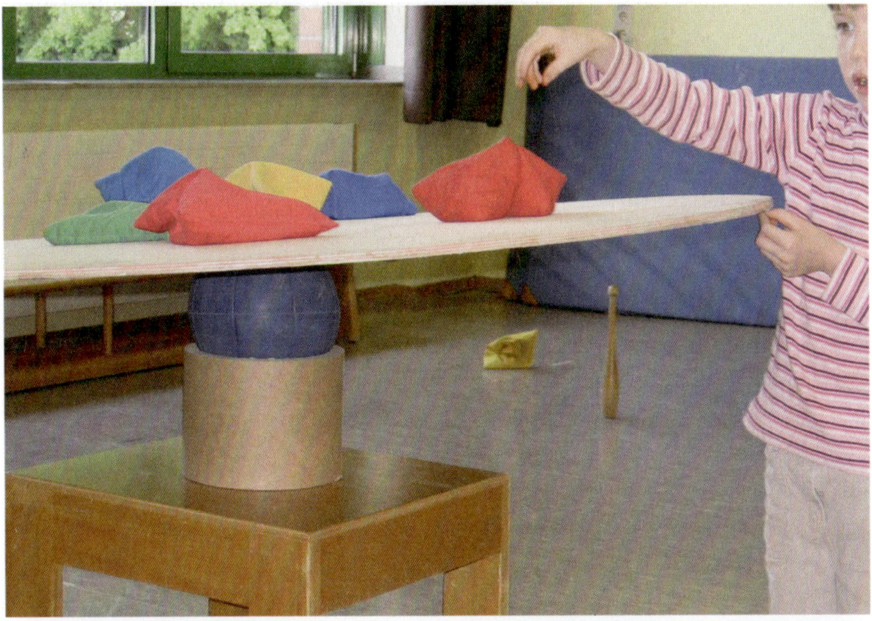

Stups, der kleine Osterhase baut einen Turm

Eierkartons lassen sich günstig erwerben. Nun benötigen wir nur noch bunte Eier (z.B. Bälle aus dem Bällebad). Nun macht sich Stups, der kleine Osterhase, ans Bauen und baut einen riesigen Turm. Wer baut/wächst über sich hinaus? Die Eierkartons werden immer mit mindestens 5 Bällen bestückt (4 an den Ecken und einer in die Mitte), dann kommt der nächste Karton usw.

Raum: Bewegungsraum, Turnhalle

Material: Ca. 100 Eierkartons, ca. 250 Bälle aus dem Bällchenbad

Gruppengröße: 1–12 Kinder

Varianten: Dieser Turm lässt sich vielfältig variieren und kann auch ohne Bälle gebaut werden.

Großräumiges Bauen im Bewegungsraum und im Außengelände

Großräumiges Bauen im Bewegungsraum und im Außengelände

Großräumige Bewegungserfahrungen werden im Kinderleben immer stärker zurückgedrängt. Das Spiel der Kinder auf Straßen und in Hinterhöfen wird seltener und große Räume, die sie selbsttätig gestalten können, sind rar. Kinder brauchen Spielräume, in denen sie sich mit anderen Kindern großräumig bewegen können und die sie (um)gestalten können. Die Räume des Kindergartens oder der Schule, die diese Erfahrungen in der Regel zulassen, sind der Bewegungsraum oder die Turnhalle und manchmal das Außengelände. Ideal ist auch ein gut erreichbarer Wald. Bewegliche Geräte und Materialien, die Kindern Bauerfahrungen eröffnen und die großräumige Bewegungserfahrungen möglich machen, sollten zur Standardausstattung von Kindergärten und Schulen gehören. Diese Materialien fordern die Kinder auf, ihre Räume zu gestalten und Bewegungsanlässe selbst zu schaffen. Die Bewegungsbaustelle eröffnet vielfältige Gleichgewichtssituationen. Den Wechsel von Labilität und Stabilität erfahren die Kinder, wenn sie über ein wackliges Brett balancieren und im Baum auf einem Ast stehen. Sie lernen selbst zu entscheiden, welches Wagnis sie eingehen und was sie vermeiden.
In der psychomotorischen Pädagogik erhalten Kinder geschützte Räume für ihr Spiel, dürfen dabei aber durchaus selbst gewählte Risiken eingehen. Nur so lernen die Kinder, Situationen und Gefahren selbst einzuschätzen.

Die Bewegungsbaustelle – klassisch

Auf der klassischen Bewegungsbaustelle bekommen die Kinder Reifen, Schläuche, Bretter, Holzklötze und stabile PVC Röhren zur Verfügung gestellt. Sie bauen sich selbständig kleine Bewegungslandschaften und probieren diese im Spiel aus. So entstehen Brücken, Stege, Wippen in unterschiedlicher Höhe, deren Überwindung kleine Abenteuer sind. Die Kinder fordern gegenseitige Hilfen für den Transport der Materialien oder beim Überqueren der Konstruktionen. Haben sie wenig Erfahrung mit der Bewegungsbaustelle, sollten die Erwachsenen den Prozess begleiten, ohne die Aufbauten zu bestimmen. Durch das selbsttätige Handeln machen die Kinder ihre Erfahrungen, was geht und was nicht geht und übernehmen Verantwortung für ihr Handeln. Die Erzieherin oder Lehrerin ist dann gefordert, sobald Kinder ihre Hilfe wünschen oder wenn sie sich offensichtlich gefährden.

Raum: Außengelände.

Material: Stabile, gehobelte Bretter, 6–10 Autoreifen, große Schläuche z. B. von alten Traktoren, Holzklötze, PVC-Röhren.

Gruppengröße: 2–12 Kinder.

Variante:

- In Absprache mit dem Förster wird ein geeignetes Waldstück gesucht, in dem die Kinder vorhandene Äste und Stämme zum Balancieren und Bauen nutzen dürfen. Auch hier entstehen schnell kleine Hütten und Abenteuerlandschaften.

NIANG
7

RELAX

Bewegungslandschaften

Auf der Basis der klassischen Bewegungsbaustelle wurden in vielen Einrichtungen Bewegungslandschaften entwickelt. Dabei werden Geräte der Turnhalle (Matten, Kästen, Bänke etc.) oder von Sportgeräteherstellern speziell entwickelte Materialien und Geräte genutzt. Durch die Balancier- und Kletterstangen, Stehleitern, Kippelscheiben, Spielhöcker und Schaukelbretter wird das Spektrum der Bau- und Bewegungserfahrungen erweitert. Obwohl durch die Normierung dieser Geräte verbesserte Sicherheitsstandards geschaffen wurden, sollte dies nicht dazu führen, die klassische Bewegungsbaustelle zu ersetzen. Kleine Kinder können Aufbauten mit Großgeräten nicht selbst leisten. Wo es möglich ist, bleibt die Grundidee, weitgehend eigenständiges Experimentieren, die Suche nach individuellen Lösungen, Zeit und Raum für „Fehler" und ein hohes Maß an Selbsttätigkeit zu erhalten.

Raum: Bewegungsraum oder Turnhalle.

Material: Standardgeräte der Turnhalle wie Matten, Kästen, Bänke, Leitern, evtl. zusätzliche Materialien wie Balancier- und Kletterstangen, Stehleitern, Spielhöcker, Schaukelbretter, große Schaumstoffkissen.

Gruppengröße: 2–25 Kinder, abhängig von der Raumgröße.

Varianten:

- Klettern auf Holz oder Aluminiumleitern. Hier ist es wichtig, dass die Leitern sicher stehen und mit Matten gut abgesichert werden.
- Mattenberg: Zunächst werden Schaumstoffblöcke oder Matratzen, evtl. auch ein kleiner Kasten in die Mitte gelegt, um anschließend Turnmatten (mindestens 4, besser mehr) darauf und darüber zu legen. So entsteht ein Mattenberg mit Kanten und Spalten, der vorsichtig erklommen und erkundet wird.

FREAKY

BENZ

Mit Rollbrettern unterwegs

Rollbretter (Flizzis) sind vielseitig nutzbare Spiel- und Bewegungsgeräte und sollten inzwischen zur Standardausstattung einer gut ausgestatteten Kindertageseinrichtung oder Schule gehören. Wenn die Kinder einige Erfahrungen mit den Flizzis gemacht haben, sich sicher darauf bewegen und die Grundregeln kennen, wird es Zeit für einen selbst gebauten Parcours. Dafür stellt der Erzieher oder Lehrer vorhandenes Material wie z. B. große Schaumstoffbausteine, Pylonen (Kunststoffhütchen), Zollstöcke sowie Tische und Decken für den Tunnel zur Verfügung. Falls sie vorhanden sind, lassen sich auch mit Stäben, Stab- und Reifenhaltern und Heulrohren tolle Tore bauen (vgl. Der Irrgarten). Die Kinder entwickeln selbst ihren Weg und der Erwachsene hilft ihnen bei Bedarf. Bei dieser Aufgabe macht es Sinn, dass die Kinder sich auf eine Fahrtrichtung einigen.

Raum: Flur, Turnhalle.

Material: 2–4 Rollbretter, Schaumstoffbausteine, Pylonen, Zollstöcke und anderes vorhandenes Material.

Gruppengröße: 4–12 Kinder.

Varianten:

- Inzwischen verfügen einige Kinder und auch Einrichtungen über Laufräder, die ebenfalls genutzt werden können. Für die Laufräder und andere Fahrzeuge kann auch im Außengelände ein Parcours erstellt werden.
- „Crash-Test“: Die Kinder bauen im freien Raum eine Wand aus Schaumstoffblöcken und dürfen mit dem Rollbrett dagegen bzw. durch die Wand fahren.

Bei den Piraten – Reifenschaukel und Mattenrolle

Zum Bau der Reifenschaukel werden mindestens vier stabile Holzreifen und eine Turnmatte benötigt. Je zwei Reifen werden mit Tesakrep zusammengeklebt und dann paarweise um die gebogene Matte geschoben. So entsteht ein Schaukelschiff, in dem 2–4 Kinder ihren Platz finden. Um intensiv zu schaukeln, müssen sie einen gemeinsamen Rhythmus finden.
Ein Fernrohr aus einer Papprolle und eine Augenklappe machen aus den Kindern richtige Piraten. Die Kinder gestalten dieses Schiff mit Tüchern und anderen Kleinmaterialien, denn richtige Piraten wollen natürlich auch ein Segel und Schätze haben.

Raum: Flur, Bewegungsraum.

Material: 4 Reifen, Turnmatte, Klebeband, Kleinmaterial (Pappröhren, Tücher) je nach Thema.

Gruppengröße: 2–4 Kinder je Fahrt.

Varianten:

- „Das Raumschiff“: Wenn professionell angebrachte Schaukelaufhängungen vorhanden sind, kann dieses Schiff mit Endlosschlaufen oder Seilen, die einer hohen Zuglast standhalten, aufgehängt werden. So entsteht das Raumschiff für 1–2 Personen. Der „Flugplatz“ sollte gut gesichert werden.
- „Die Reifenrolle“: Bei Reifen mit dem Durchmesser von 80 cm und einer Matte mit der Länge von ca. 2 Metern lässt sich eine Reifenrolle bauen, in der die Kinder sich rollen oder gerollt werden. Wird diese Rolle aufgestellt, entsteht eine Tonne, in die man klettern kann.
- Reifenbrettschaukel: An Stelle der Matte wird ein passendes Brett in die Reifen gelegt. Auf diesem Brett können die Kinder auch im Stehen schaukeln.

Brücke ohne Tücke – Bewegen auf Turnbänken

Eine oder mehrere Turnbänke sind in Turnhallen normalerweise vorhanden. Bei einer fantasievollen Nutzung bieten sie viele Bewegungsmöglichkeiten. Die Turnbank kann z. B. zu einer Brücke, einer Rutsche, einem Wackelsteg oder einer Wippe werden. Der Schwierigkeitsgrad bei der Überquerung erhöht sich, wenn

- die Kinder auf die Bank kleine Hindernisse legen, die sie überwinden wollen,
- die Bank auf zwei (kleinen) Kästen aufgelegt und damit höher und labiler wird,
- wenn die Bank umgedreht wird,
- schräg gestellt in die Sprossenwand bzw. stabile Leiter eingehängt oder auf einen Kasten (evtl. Tisch) aufgelegt wird,
- umgedreht auf Stäben liegt, (Enden mit kleinen Kästen absichern!),
- mit einem Ende an Tauen, Ringen oder stabiler Deckenaufhängung befestigt wird.

Die Lösungen zur Überquerung sollten individuell und den Möglichkeiten der Kinder entsprechend sein. Durch die Höhe, den schmalen Balken auf der Bankunterseite, und durch die Labilität (Stäbe, Aufhängung) entsteht eine große Vielfalt.

Raum: Turnhalle.

Material: Bänke, kleine Kästen, Stäbe, Matten, evtl. Aufhängungen wie Taue oder Ringe.

Gruppengröße: 2–8 Kinder.

Variante:

- Die Bankwippe: Benötigt werden eine Bank, ein kleiner Turnkasten und zwei Turnmatten. Die umgedrehte Bank wird mittig auf den Turnkasten aufgelegt und die Turnmatten unter die Enden der Bank gelegt. Neben einer klassischen Wippe entsteht so ein Hindernis, dass die Kinder einzeln und auf individuelle Weise z. B. auf dem Po rutschend oder balancierend überqueren. Die Wippe sollte mit Matten abgesichert werden.

Hoch hinaus?

Das Klettern auf Leitern oder Klettergerüsten ist für mache Kinder reizvoll, für andere angstbesetzt. Ängstliche Kinder vergessen ihre Angst schon mal, wenn es ein lohnendes Ziel gibt. Z. B. kann ein langer Schlauch, der aus Heulrohren (Schleuderhörner) und selbst gefertigten Zwischenstücken zusammengesetzt wird, als Murmelbahn dienen. Die Bahn wird an einem Klettergerüst oder einer Leiter befestigt. Steht ein hoher Ausgangspunkt zur Verfügung, können Kinder mit unserer Hilfe eine Konstruktion schaffen, die genug Gefälle hat. Bei langen Leitern oder hohen Klettergerüsten empfiehlt es sich, eine zusätzliche Einwurfstelle auf halber Höhe zu schaffen und so unterschiedlichen Bedürfnissen und motorischen Fähigkeiten gerecht zu werden. Fallen die Murmeln am Ziel in eine Blechdose oder auf einen anderen Klangkörper, ist die Sache für viele Kinder noch motivierender.

Raum: Gruppenraum, Turnhalle, Außengelände.

Material: 10–20 Heulrohre, Schleuderhörner, Zwischenstücke (diese müssen selbst gefertigt werden, indem ca. 10 cm lange Heulrohrstücke noch einmal längs aufgeschnitten werden), Murmeln, einige Seile, evtl. Leiter, Matten als Fallschutz.

Gruppengröße: Je Leiter 2–6 Kinder, die sich abwechseln.

Varianten:

- Die Konstruktion wird als Telefon benutzt.
- Eine zweite Ebene im Gruppenraum ist als Ausgangspunkt für eine Bahn ideal, diese kann auch über einen längeren Zeitraum installiert bleiben.
- In Baumärkten gibt es durchsichtige Plastikschläuche und Plexiglasröhren, durch die ebenfalls Murmel passen. Diese haben den Vorteil, dass die Murmeln darin gesehen werden können und auch gut laufen. Sie sind aber nicht so vielseitig verwendbar wie die Heulrohre.

Starke Steine

Steine unterschiedlicher Größe und Form sind bei Ausflügen in die Natur beliebte Sammelobjekte von Kindern. Sie ertasten die Form und die Oberflächenbeschaffenheit, spüren das Gewicht und bewundern die Farben. Die Steine lassen sich aber auch in andere Bauspiele integrieren. Faszinierend, aber recht schwierig ist es, einen Turm oder eine Mauer hinzubekommen. Die Möglichkeiten sind vielfältig, so können Zahlen, Buchstaben oder Bilder gelegt werden. Viele Kinder mögen es, vorhandene Formen und Bilder mit Steinen auszulegen, oder am Boden liegende Steine werden mit ihren Spielzeugautos umfahren.

Raum: Gruppen- oder Klassenraum, Außengelände.

Material: Kieselsteine unterschiedlicher Größe und Form.

Gruppengröße: 2–25 Kinder.

Varianten:
- Mit Hilfe einer Heißklebepistole werden kleine Steinfiguren gebaut.
- Mit den Steinen wird ein liegender Körper nachgelegt.
- Goldgräber-Sandkasten: Unterschiedliche Steine werden bunt und funkelnd angemalt. Diese Steine werden im Sandkasten gut vergraben. Nun suchen die Goldgräber mit Sieben, Eimern, Rechen und Schaufeln nach Schätzen.
- Sandschlangen: Jeder sucht sich sechs flache Steine und bemalt sie mit den Farben die sich auf einem Farbwürfel befinden. Jeder legt seine Steine als

Schlange in den Sandkasten. Jetzt wird nach der Reihe gewürfelt. Jeder darf den Teil seiner Schlange mit Sand bedecken, der der gewürfelten Farbe entspricht. Welche Schlage ist als erste ganz unter dem Sand verschwunden?

Das Wackelschiff

Das Wackelschiff ist je nach Bauweise für Groß und Klein geeignet. Das kleine Schiff entsteht, indem einige Luftballons unter eine Turnmatte, eine Luftmatratze oder einen umgedrehten Tisch gelegt werden. Werden reichlich Ballons in einen alten Bettbezug gepackt, wird es kaum zu einem Knall kommen und selbst die Kleinsten können, auf der Matte sitzend und schaukelnd, eine entspannte Schiffstour machen. Für ältere Kinder wird es dann reizvoll auf der Matte stehend in Balance zu bleiben und so fest zu springen, dass die Ballons platzen.

Raum: Bewegungsraum, Turnhalle.

Material: Luftballons, Matte oder Tisch, Bettbezug, Bälle, Rollbretter, Weichbodenmatte.

Gruppengröße: 2–25 Kinder.

Varianten:

- Unter die Turnmatte oder den Tisch werden die Bälle (Tennisbälle, Gymnastikbälle, Medizinbälle, Plastikbälle aus dem Bällebad ...) gelegt.
- Das große Wackelschiff entsteht, wenn Rollbretter unter eine Weichbodenmatte gelegt werden.

Die Dusche

Der Sommer ist warm und die Lust der Kinder auf Wasserspiele groß. Nun wird es Zeit, im Außengelände eine Wasserleitung und Dusche zu bauen. Diesmal benötigen wir Kunststoffrohre, die mit einem leichten Gefälle „verlegt“ werden. Der Ausgangspunkt kann ein Klettergerüst oder eine Leiter sein. Das Ende sollte sich noch über Kopfhöhe befinden. Ist die Dusche fertiggestellt, kann es losgehen. An einem Ende wird mit Gießkannen Wasser eingefüllt und am anderen Ende freuen sich die Freiwilligen auf eine kleine Abkühlung.

Raum: Außengelände.

Material: Plastikschläuche bzw. Plexiglasröhren und Verbindungsstücke, Leiter, Seile, Gießkannen, Wasser.

Gruppengröße: 2–8.

Variante:
- Die Leitung wird so verlegt, dass sie im Sandkasten endet und dort mit Sand und Wasser gebaut wird.

„Kopf in den Sand?“ – Bauspiele im Sand

Sand, Wasser, Schaufel, Förmchen und Eimer – was braucht der Mensch mehr. Ein Klassiker für die Ewigkeit. Aber mit dieser Sand-Installation „Kopf in den Sand“ wird der Sandspielplatz zum Blickfang der besonderen Art. Man nehme eine Jeanshose und fülle sie durch die Hosenbeine bis oben mit Sand. Legt ein Paar Schuhe oben drauf und fertig ist der neue Blickfang, der für viel Verwirrung und Spaß sorgt.

Raum: Außengelände, Sandplatz, Sandkasten, Strand.

Material: Sand, Jeanshose, Wasser, Murmeln, Steine, Stöcke, Bretter.

Gruppengröße: 1–25 Kinder.

Varianten:
- Die klassische Sandmurmelbahn: Gemeinsam wird ein hoher Sandberg gebaut. Er sollte gut angefeuchtet und festgeklopft werden. Nun werden Bahnen z. B. spiralförmig um den Berg gebaut. Sind die Bahnen fertig, so können sich die Murmeln auf die Reise machen.
- Spuren im Sand: Einige Kinder schließen die Augen. Nun werden verschiedene Abdrücke in den glatten Sand gedrückt (z. B. Ast, Muschel, Kamm, Schlüssel, Sieb oder Sandförmchen). Erkennt ihr die Abdrücke?
- Sandmann: Statt eines Schneemanns wird mal ein Sandmann gebaut.
- Stockland: Im ganzen Sandkasten werden lange Stöcke gesteckt, so dass ein Labyrinth aus Stöcken entsteht.
- Montagsmaler: Mit einem Stöckchen wird ein Bild in den Sand gemalt. Welches Kind errät das Motiv.

„Einmauern“ – Spiele mit Schaumstoffblöcken

„Einmauern” ist ein spannendes und soziales Bauspiel. Zunächst wird aus großen Schaumstoffbausteinen ein Haus mit einem Dach aus Stoff, einer großen Matratze oder einer leichten Turnmatte gebaut. Anschließend stellt oder hockt sich ein besonders mutiges Kind freiwillig hinein und wird von den anderen eingemauert. Der/die Eingemauerte kann jederzeit „Stopp“ rufen und wird dann sofort wieder befreit. Das Haus sollte dabei aber nicht einstürzen. Reizvoll ist es, im komplett geschlossenen Raum zu verschwinden.
Sind viele Schaumstoffbausteine, Turnmatten und Tücher vorhanden, kann sich die Gruppe auch selbst einmauern.
Die Kinder bauen mit diesen Schaumstoffblöcken auch gern Mauern oder riesige Türme. Ein großer Vorteil ist es, dass auch schon kleine Kinder das Material selbständig transportieren und den Raum damit variationsreich gestalten können ohne sich zu gefährden.

Raum: Bewegungsraum, Turnhalle.

Material: Schaumstoffbausteine, große dunkle Tücher, leichte Turnmatten oder eine Matratze.

Gruppengröße: 2–12 Kinder.

Varianten zum Einmauern:
- Ein stehendes Kind wird mit großen Pappröhren komplett umstellt.
- Ein Kind legt sich auf den Boden und wird mit Garnrollen oder Holzkegeln eingemauert.

Variante:
- Aus den Schaumstoffblöcken wird ein langer Tunnel gebaut, der mit Matratzen oder Decken abgedunkelt wird. Diese Dunkelräume üben auf viele Kinder einen großen Reiz aus.

Das Bettlaken-Labyrinth

Gemeinsam mit den Kindern werden im Raum einige lange Seile kreuz und quer gespannt. Nun werden Bettlaken und große Tücher mit Klammern so befestigt, dass dabei Gassen und Sackgassen entstehen. Nun lassen sich kleine Stationen, ein Hauptlager oder kleine Überraschungseffekte einbauen. Die Kinder können nun durchschleichen, jemanden oder etwas Verstecktes suchen. Sie können Hinweisschilder einbauen oder einem Geräusch folgen. Beim Rennen oder Fangen spielen bitte aufpassen, dass es nicht zu unerwünschten Zusammenstößen kommt.
Der Aufbau dauert ca. 1 Stunde, deshalb eignet sich dieses Projekt als Tagesinstallation. Die Kinder lernen hier verschiedene Knotentechniken. Sie probieren aus, wie stramm das Seil gespannt werden muss, damit das Lacken mit dem Seil nicht durchhängt. Hier ist Teamarbeit gefragt.

Raum: Turnhalle, Bewegungsraum, Außengelände mit vielen Bäumen.

Material: Lange Seile, Bettlaken, Betttücher, Decken, Wäscheklammern, Leiter, Befestigungsmöglichkeiten für die Seile, (z. B. Wandhacken, Sprossenwände, Turnringe, Tore).

Gruppengröße: 2–10 Kinder.

Spinnennetz

Wenn Kinder Baumwollseile zur Verfügung haben, knoten sie diese fest, schlängeln sie über den Boden und springen darüber. Werden die Seile wie ein Netz auf dem Boden verteilt, entsteht ein Spinnennetz, über das die Spinnen krabbeln können. Nun werden sie in Fliegen verwandelt und sollten das Spinnennetz nicht berühren, da sie sonst festkleben.
Besonders spannend wird es, wenn Taue oder stabile Seile in ca. 1–1,5 Meter Abstand zwischen Bäumen oder Wänden sicher gespannt werden. Die Kinder knoten jetzt in diese Konstruktion ihre Seile, so dass das Spinnennetz entsteht. Sie versuchen dann, durch das Netz zu kommen ohne es zu berühren (Fliegen). Befindet sich die Konstruktion etwas über dem Boden und sind die Zwischenseile sicher verknotet, können die Kinder selbst Spinnen sein und sich im Netz bewegen.

Raum: Außengelände, Raum in dem sich Seile oder Taue fest fixieren lassen.

Material: Tau oder Kletterseil und stabile PVC oder Baumwollseile.

Gruppengröße: 2–12 Kinder.

Varianten:
- Zunächst werden die beiden gespannten Seile/Taue als Seilbrücke genutzt, die es zu überqueren gilt.
- Für die Seilbrücke wird eine Slackline benutzt.
- Ein Spinnennetz am Boden lässt sich auch mit Wolle herstellen, die dann an den Außenpunkten mit Klebeband fixiert wird.

Das große Spinnennetz

Das große Spinnennetz ist ein spannendes „Vernetzungsspiel“ für Groß und Klein. Zusammen mit den Kindern werden an allen möglichen Stellen im Raum Seile, Bänder und Gummis gespannt und verknotet. Das Netz sollte so angelegt werden, dass man mal kriechen, krabbeln oder drüber steigen kann. Jetzt können die anderen Materialien, wie Wäscheklammern, Tücher oder Handglöckchen am Netz angebracht werden. Auf dem Boden können Steine, Matten und Sandsäckchen verteilt werden. Der Aufbau dauert ca. eine Stunde. Die Installation eignet sich bestens als Wocheninstallation. Das Netz kann immer wieder neu gestaltet werden und es kann wild oder ruhig gespielt werden.

Spielideen:
Ein Kind spielt die Spinne und liegt in der Mitte auf dem Boden und schläft. Die anderen Kinder sind die „Räuber“ und sitzen in ihrer Höhle (auf einer Matte), die sich außen und weit entfernt von der Spinne befindet. Die Räuber machen sich nun auf den Weg und versuchen nun gemeinsam die Beute (Wäscheklammern, Tücher, Steine ...), die sich im Spinnennetz verfangen hat, zu holen. Aber aufgepasst, stoßen oder zerren sie zu stark am Spinnennetz, erklingen die Handglöckchen. Dies ist für die Spinne das Zeichen zum Aufwachen und die Räuberjagd beginnt. Berührt die Spinne einen Räuber, so wird dieser ebenfalls zur Spinne. Alle anderen Räuber fliehen schnell zur Höhle. Die Spinne legt sich dann wieder schlafen. Trauen sich die Räuber einen weiteren Beutezug ins Spinnennetz?

Raum: Bewegungsraum, Turnhalle.

Material: Verschiedenste Seile, Bänder, Gummibänder, Wäscheklammern, Tücher, Sandsäcke, Handglöckchen, Steine, Matten, Karten, Decken ...

Gruppengröße: 2–12 Kinder.

Varianten:

- Im großen Spinnennetz lassen sich Zahlenwürfel und oder Farbwürfel prima einbinden.
- Atmosphäre schaffen: Raum abdunkeln, leise spannende Musik, über das Netz ein großes Schwungtuch anbringen.
- Mit Rollbrettern unter das Netz rollen, um z. B. etwas zu holen, etwas zu befestigen, knoten, hängen, legen usw.
- Durch das Netz hindurch: Einer gibt Kommandos z. B. kriechen, seitlich, drüber, drunter, rückwärts oder blind.
- Lange Gegenstände werden hindurch gebracht z. B. MAXI-Mikado Stäbe oder lange Stöcke. Ein Becher mit Wasser muss von einem Ende zum anderen gebracht werden.

Kistentreppe

Leere Getränkekisten lassen sich von Kindern gut transportieren. Deshalb können sie von ihnen selbsttätig und an unterschiedlichen Orten eingesetzt werden. Die Kinder drehen die Kisten um, stellen sich darauf, schaffen Wege über die sie balancieren oder bauen Türme. Sie sammeln ihre Erfahrungen, welche Konstruktionen stabil und welche labil sind.
Mit Hilfe der Kisten lassen sich auch Außenwände oder vier Türme schaffen, über die ein großes buntes Schwungtuch gezogen wird.

Raum: Bewegungsraum, Außengelände.

Material: 20–30 stabile Getränkekisten.

Gruppengröße: 2–8 Kinder.

Variante:

- Bei Spielfesten ist das Kistenklettern in größeren Höhen beliebt. Dabei klettert ein Kind an einem langsam „wachsenden" Turm hoch, d. h. die Kisten werden mit zunehmender Kletterhöhe nach oben gestapelt. Für diese Form des Kistenkletterns werden eine Sicherung über die Decke oder einen Baum, sowie ein Kletterseil und ein Klettergurt benötigt. Auf jeden Fall muss eine solche Aktion von einer Person betreut werden, die die Sicherungstechnik beherrscht.

Pendelspiel

Max lässt das Pendel los, es schwingt in Richtung des mühsam gestapelten Turmes aus Blechdosen. Getroffen! Das Pendel trifft den Turm, es scheppert laut und die Keksdosen liegen verteilt auf dem Boden. Max und Lena strahlen und beginnen sofort mit dem Sammeln und Wiederaufbau des Turmes. Nun ist Lena an der Reihe.
Für dieses Spiel brauchen die Kinder die Möglichkeit eine Schnur an der Decke oder einem Baum aufzuhängen. An dieser Schnur hängt ein Beutel mit einem Ball, der gut schwingt. Die Kinder können jetzt für sich einen passenden Standpunkt für den Turm finden, denn der Abstand vom Aufhängepunkt ist mitentscheidend für den Schwierigkeitsgrad.

Raum: Bewegungsraum, Außengelände.

Material: Deckenaufhängung oder Baum, Seil, Beutel mit Ball, Dosen, Bauklötze oder andere Baumaterialien.

Gruppengröße: 2–6 je Station.

Variante:
- Diese Idee lässt sich auch in der Turnhalle mit Tauen umsetzen oder auf kleinstem Raum mit Kleinmaterialien.

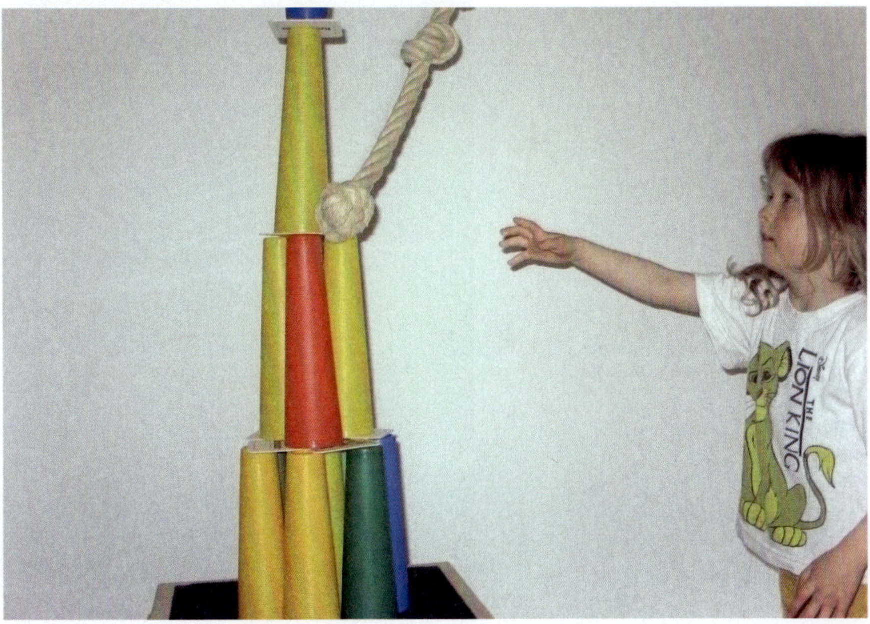

Wurfbuden

Jeder kennt die klassische Wurfbude mit Blechdosen, die mit dem Tennisball getroffen werden sollen. Kinder mögen dieses Spiel bis heute und sind hoch motiviert zu werfen und die Dosen anschließend wieder aufzubauen. Die Kinder bestimmen selbst, wie sie die Dosen aufbauen und wählen auch den Abstand. So sammeln sie Erfahrungen, wann sie am besten treffen und bestimmen selbst den Schwierigkeitsgrad. Die Grundidee „Wurfbude" können die Kinder vielfältig variieren, wenn sie die Materialien dazu haben. So lassen sich z. B. auch Holzkegel mit Softfrisbeescheiben oder Plastikflaschen mit Wasserballons umwerfen.

Raum: Bewegungsraum oder Außengelände.

Material: Blechdosen, alternative Garnrollen, Plastikbecher oder Filmdosen, Tennisbälle, Kegel.

Gruppengröße: Je Station 2–6 Kinder.

Varianten:
- Im Sommer können Tischtennisbälle auf Flaschen oder Filmdöschen aufgestellt werden, die mit Wasserspritzen getroffen werden sollen.
- Garnrollen oder bunte Plastikbecher werden aufgebaut und abgeworfen.
- Eine „Riesenwurfbude" entsteht, wenn mit einem großen Pezziball ein Turm aus Schaumstoffbausteinen umgeworfen wird.

Die Ballbahn

Für das Spiel in Bewegungslandschaften sind Drainagerohre aus dem Baumarkt ein tolles Zubehör. Haben die Rohre eine Länge von 3–8 Metern, können die Kinder kleine Experimente machen. Sie sprechen durch die Rohre, sie versuchen sich gegenseitig zu sehen oder lassen Tennisbälle durch die Rohre laufen. Wird im Außengelände durch Hügel oder Bäume ein erhöhter Ausgangspunkt geschaffen, können die Kinder ausprobieren, welches Gefälle notwendig ist, ob ein Ball auch eine kurze Strecke wieder hoch rollt, ob Kurven möglich sind oder wie weit die Bälle am Ziel fliegen. Auch kann das Rohr auf eine Kiste, einen Eimer oder einen Reifen ausgerichtet werden, in dem der Ball landet.

Raum: Außengelände, Bewegungsraum.

Material: Drainagerohre unterschiedlicher Länge, Tennisbälle, Kiste oder Reifen.

Gruppengröße: 2–12 Kinder.

Varianten:

- Die Rohre werden an vorhandenen Klettergeräten angebracht.
- Krake: Es wird eine große Plastikwanne besorgt. In den Boden der Wanne werden 3 runde Löcher geschnitten, in die die 3 Rohre eingeschraubt werden. Anschließend wird die Wanne an einem Baum oder einer Wand so aufgehängt, dass die Rohre zu unterschiedlichen Seiten „weglaufen". Nun können die Kinder Tennisbälle in die Wanne werfen und lassen sich überraschen, wo die Bälle wieder auftauchen.
- Lange Papprohre erhält man als kostenloses Alltagsmaterial. Sie sind zwar nicht so flexibel und wetterbeständig, bieten jedoch ähnliche Möglichkeiten.

Fußballgolf

Soccergolf oder Fußballgolf ist eine Ballsportart, die Elemente von Fußball und Golf kombiniert. Der Sport hat seinen Ursprung in Schweden, die ersten Anlagen dort entstanden in den 1980er Jahren. Seitdem wurden in Skandinavien über 50 Anlagen errichtet und auch in Deutschland sind sie populär. Diese Idee lässt sich wunderbar auf unsere Räumlichkeiten und das Außengelände übertragen. Oft reichen die Dinge, die vor Ort bereitstehen. Mit den Kindern gemeinsam werden die verschiedensten Bahnen gebaut. So kann z. B. ein Stuhl als Tunnel dienen, ein Kegel oder Plastik-Flaschen werden zur „Schießbude“ oder eine Turnmatte zum Landeplatz für den Ball. Hier ist Kreativität gefragt. Elemente aus den Spielen „Minigolf“ und „Wurfbude“ lassen sich sehr gut kombinieren. Im Internet finden sich weitere Praxisbeispiele, die noch den eigenen Rahmenbedingungen anpasst werden müssen.

Raum: Außengelände, Bewegungsraum, Turnhalle.

Material: Fußball, Softfußball und alle Gegenstände, die nicht durch einen Schuss kaputt gehen.

Gruppengröße: 1–12 Kinder.

Varianten:

- Tolle Spielidee für ein Sommerfest oder eine Projektwoche.
- Die Stationen werden von den Kindern alleine gebaut.
- Bei Jugendlichen besteht häufig das Bedürfnis, Bahnrekorde oder Punktesysteme wie beim Golf und Mini Golf einzuführen.

Minigolf

Das Spiel Minigolf kennen die Kinder aus der Erwachsenenwelt. Beim „richtigen Minigolf" sind die Bahnen fertig und unveränderbar. An der Idee der Bahn, durch die ein Ball gespielt wird, orientieren sich die Kinder. Nur werden die Bahnen selbst hergestellt und die Aufgaben selbst entwickelt. Dazu werden kleine und große Hindernisse gebaut, dabei können beliebige Alltagsmaterialien und Standardmaterialien einbezogen werden. Keine Bahn gleicht der anderen, und auch die Aufgaben können die Kinder als Gruppe oder einzeln festlegen. Die Erwachsenen helfen den Kindern ihre Ideen umzusetzen, wenn diese Hilfe fordern. Sehr beliebt sind natürlich Löcher, in die der Ball am Ziel gespielt werden kann. Solche Löcher lassen sich im Außengelände in die Erde graben. In den Innenräumen werden die Dosen so hingelegt, dass der Ball hineingespielt werden kann.

Die Kinder spielen nun mit einem Hockeyschläger den Ball durch ihre zuvor konstruierte Bahn oder sie rollen die Bälle mit der Hand. Diese Form ist bei den kleineren Kindern beliebt.

Raum: Außengelände, Bewegungsraum, Flur.

Material: Vorhandene Alltagsmaterialien und Standardgeräte z. B. Dosen, Stöcke, Stäbe, Stabhalter und Zollstöcke; dazu 2 Hockeyschläger bzw. Hockeyaufsätze für Stäbe und kleine Bälle z. B. Tennisbälle.

Gruppengröße: 2–12 Kinder.

Varianten:

- „Minigolf" wird auf kleinem Raum mit Bauklötzen und Murmeln gespielt. Die Murmeln werden gerollt.
- Es wird mit unterschiedlichen Bällen (klein, groß, leicht, schwer) gespielt.

Der Fröbelkran

Der Fröbelkran ist ein kooperatives Bauspiel für eine Gruppe von 6–24 Mitspielern.
Das Spiel besteht aus dem Kran (eine Holzplatte mit einem Metallbügel), an dem 12 oder 24 Schnüre mit je einem Griff befestigt sind und Holzklötzen mit einer seitlichen, schrägen Einkerbung.
Die Mitspieler stehen im Kreis und steuern den Kran über die gespannten Schnüre. Gemeinsam versuchen sie die Bauklötze zu stapeln und so einen Turm zu bauen bzw. wieder abzubauen. Dies gelingt, indem sie mit ruhigen Händen den Metallbügel in die Einkerbung bewegen, einen der verteilt im Raum stehenden Bauklötze anheben und auf einem anderen möglichst mittig wieder abstellen.
In diesem Spiel sind eine gute Absprache und ein enges Miteinander gefragt.

Raum: Bewegungsraum, Schulhof, Außengelände mit ebenem Untergrund.

Material: Fröbelkran (z. B. über „Sinn & Zweck Ausbildungsprojekt") oder selbst herstellen.

Gruppengröße: 6–24 Mitspielerinnen.

Variation:

- Wir knoten Seile an einen kleinen Holzreifen oder einen Ring und transportieren darauf passende Bälle. Natürlich können diese auch hochgeworfen und gefangen werden.

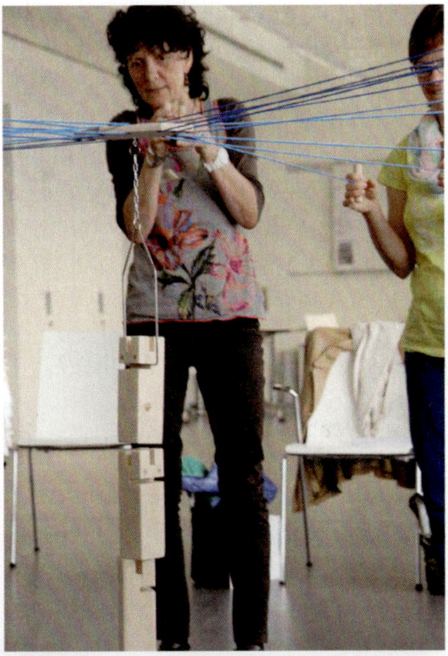

Kegeln und Kegeln verkehrt

Die übliche Form des Kegelns lässt sich nicht nur mit Holzkegeln, sondern auch mit Papprohren oder Plastikflaschen spielen. Die Lust, die Kegel fallen zu sehen und sie wieder aufzustellen, sollte intensiv ausgelebt werden. Dann kann die Lehrerin oder Erzieherin den Kindern das Spiel „Kegeln verkehrt“ anbieten. Dabei werden die Kegel bzw. Papprollen auf einer abgegrenzten Fläche vom Kegler beliebig aufgestellt. Im Spiel geht es darum, aus einigen Metern Entfernung den Ball so zwischen die Kegel zu rollen, dass keiner umfällt.
Die Spielfläche ist abhängig von der Größe der Kegel und der Bälle. Es ist ideal, wenn verschiedene Materialien und Bälle vorhanden sind.

Raum: Bewegungsraum, Turnhalle.

Material: Alternativ Holzkegel, Plastikflaschen, Papprohre, Tennisbälle, Gymnastik- oder Softbälle.

Gruppengröße:
2–12 Kinder.

Variante:
- Es wird eine Gasse aufgestellt, die nach hinten enger wird. Wie weit kommt mein Ball?

Die Rakete

Riesen Flug Spaß für Klein und Groß! Alleine, zu zweit oder in der Gruppe. Die Rakete fliegt hoch und weit. Keine Angst – sie ist friedlich gesonnen.

Raum: Außengelände, Turnhalle.

Material: Eine 2 Liter Plastikflasche, 1 Meter Gartenschlauch, 50 cm langes Plastikrohr, starkes Klebeband, DIN-A4-Blätter, Pappe, Tesafilm, Schere.

Gruppengröße: 1–25 Kinder.

Varianten:

- Im Internet gibt es noch andere spannende Bauanleitungen. Eine davon ist die Wasserrakete. Sie ist eine Rakete, die Wasser ausstößt und ihre Energie in Form von Druckluft mitführt.

Die Papierrakete:

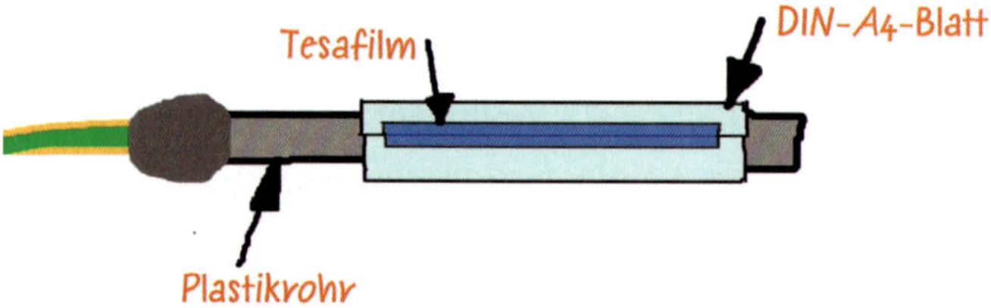

Das Blatt wird locker um das Plastikrohr gewickelt und mit Tesafilm zusammengeklebt. Diese entstandene Papierröhre nun vom Plastikrohr abziehen.

Aus einem quadratischen Stück Pappe vier Dreiecke ausschneiden.

Eine Spitze abschneiden und mit Tesafilm luftdicht zusammenkleben.

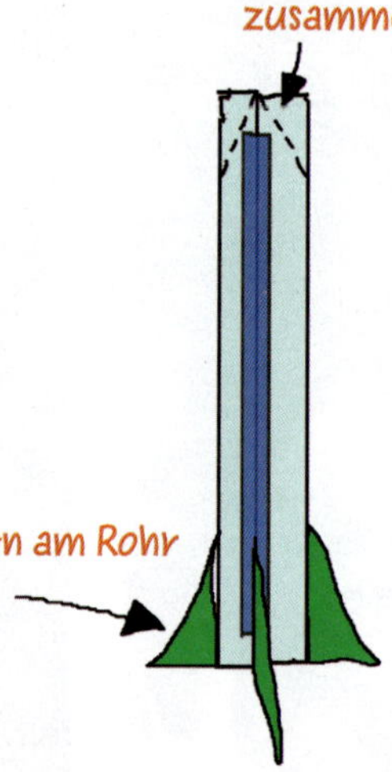

Die vier Dreiecke unten am Rohr ankleben.

Fertig ist die Rakete. Und nun fliegen lassen: Die Rakete über das Plastikrohr stülpen. Das Rohr in die gewünschte Richtung halten und mit dem Fuß feste auf die Plastikflasche treten.

Die Abschussrampe:

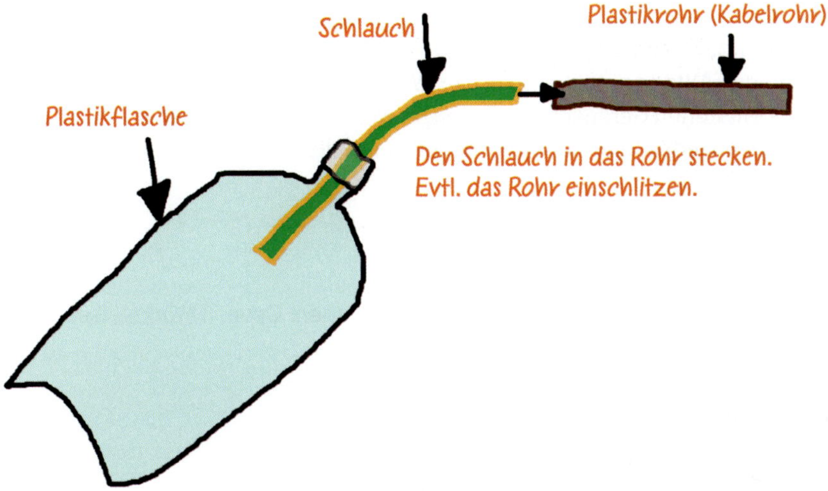

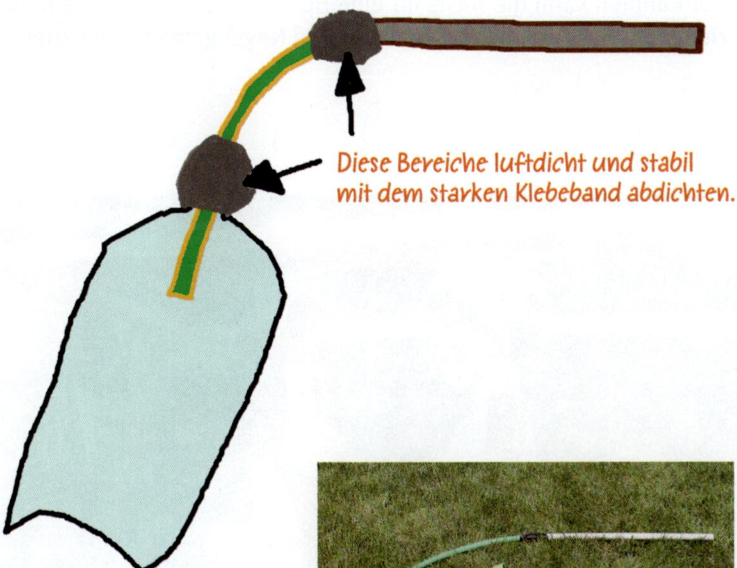

Klanggarten

Um einen Klanggarten zu bauen, sollte zunächst (von Eltern oder Pädagogen) ein dreidimensionaler Rahmen aus Dachlatten, Schrauben und 8 Winkeleisen gebaut werden. Dieser Rahmen hat vielfältige Funktionen, so kann er mit Decken oder einem Schwungtuch zugedeckt werden und das Haus der Kinder sein.
Hier wird der Rahmen genutzt, um Dosen, alte Topfdeckel und weitere Gegenstände des Alltags aufzuhängen. Der Wind kann sie nun in Schwingung bringen und es entstehen Geräusche und Klänge, wenn sie gegeneinander prallen. Schön ist es, wenn jedes Kind ein Material mitbringt, dieses bemalt und dann im Klanggarten aufhängt.

Raum: Außengelände.

Material: 12 gehobelte Dachlatten, Holzschrauben, Ösen, 8 Winkeleisen, Schnüre, Dosen, Topfdeckel, Löffel, ...

Gruppengröße: 2–25 Kinder.

Variante:

- Der Rahmen kann die Basis für eine Holzhütte bilden, die die Kinder und Erzieher mit Brettern, Sägen, Hammer und Nagel gemeinsam bauen.

Fischli und Weiss – Akrobatik mit der Optik – Echte Täuschungsbalance

Peter Fischli und David Weiss, oftmals kurz Fischli/Weiss genannt, waren ein Künstlerduo, das seit 1979 zusammenarbeitete. Sie zählten zu den renommiertesten Gegenwartskünstlern der Schweiz. Ihre bekannteste Arbeit ist der Film „Der Lauf der Dinge", (http://www.youtube.com/watch?v=MF1fh7V5ivY), der 1987 während der documenta 8 zu einem Publikumserfolg wurde und sie international bekannt machte. Für ihre Arbeiten bedienten sie sich einer großen Bandbreite der künstlerischen Ausdrucksformen vom Film über die Fotografie und Künstlerbücher bis hin zu Plastiken aus unterschiedlichsten Materialien und Multimedia-Installationen. Sie adaptierten Gegenstände und Situationen des Alltags, die sie mit Humor und Ironie in einen künstlerischen Kontext brachten und so philosophische und theoretische Fragen nach der Erklärung der Welt stellten.

Das Künstler-Duo türmte Alltagsdinge aufeinander, brachte sie in Balance und schuf Kunstwerke auf Zeit. Geblieben sind Fotografien, diese Fotografien inspirierten uns zum Nachahmen, vielleicht euch auch? Viel Spaß!

Raum: Außengelände, Bewegungsraum, Turnhalle.

Material: Stühle, Stöcke, Alltagsgegenstände, Internetrecherche Fischli/Weiss.

Gruppengröße: 1–12 Kinder.

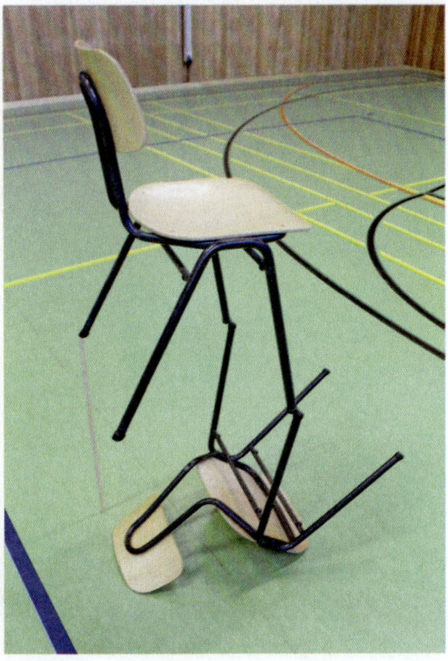

Bauen, bilden, beobachten

Bauen, bilden, beobachten

Menschen zu bilden bedeutet nicht
ein Gefäß zu füllen,
sondern ein Feuer zu entfachen.

Aristophanes (445–385 v. Ch.)

Was hat Bauen und Konstruieren mit Bildung zu tun?

Mit der Betonung des Bildungsbegriffes in der Kindergartenpädagogik wird die Eigenaktivität des Kindes hervorgehoben. Bildung ist Selbstbildung und benötigt gute Rahmenbedingungen. Der Kindergarten ist keine Vorschule, sondern eine Einrichtung in der „Bildung als aktiver, sinnlicher und sozialer Prozess" erlebt wird *(Berliner Bildungsprogramm)*. Die Erzieherin schafft Erfahrungsräume, stellt Gelegenheiten bereit und begleitet die Kinder auf ihrem eigenen „Bildungsweg".

Die dargestellten Praxissituationen fordern die Kinder zu selbsttätigem Bauen und Bewegen heraus. Spielen sie z. B. „Tisch decken" und versuchen einen Teller oder Becher auf die wackelige Platte zu legen, sind sie nicht nur in ihrer Bewegung und Wahrnehmung gefordert. Der Gesichtsausdruck vieler Kinder bei dem Spiel verrät höchste Konzentration. Sie diskutieren oder geben sich gegenseitig Tipps, wo der nächste Teller hingestellt werden könnte. Sie können selbst bestimmen, welches Risiko sie eingehen wollen und sind emotional beteiligt, wenn die Tischplatte wackelt oder fällt.
Wenngleich dieses Spiel die Intuition und das Verständnis für physikalische Gesetzmäßigkeiten fordert, ist kein vordergründiger Wissenserwerb angestrebt. So haben Kinder den wackeligen Ball schon entfernt und dafür einen Becher in die Pappröhre gesteckt: „Guck mal, so ist es doch viel stabiler".

Durch Bautätigkeiten eignet sich das Kind die Welt an. Beim Bauen erlebt es, wie es seine Welt gestalten kann. Mit seinen Händen, seinen Ideen und gemeinsam mit andern Kindern wird etwas geschaffen oder zerstört.
Kinder lernen mit allen Sinnen und werden unterstützt, das Lernen zu lernen. Das Kind wird nicht belehrt, wie es „richtig" zu bauen hat, sondern wird auf seinem Lernweg begleitet und angeregt. Dieser Prozess ist sehr sensibel und in Kontakt mit jedem Kind neu abzustimmen.
Manches Kind, das zu Weihnachten seinen neuen Baukasten bekommt und beim ersten Experiment vom übereifrigen Vater vermittelt bekommt, dass es etwas

falsch gemacht hat um anschließend gezeigt zu bekommen, wie es „richtig“ geht, will keine rechte Freude mehr an seinem Kasten finden. Der Vater, der begeistert mit seinem Kind baut ohne zu belehren, wird eher eine Neugierde und Freude für diese Tätigkeit wecken.

Wie groß der Einfluss der Erwachsenen auf kindliche Bildungsprozesse sein soll, darüber wird heftig gestritten. Unumstritten ist dagegen, dass Selbstbildung immer in einem sozialen Kontext stattfindet. Auch beim Bauen und Konstruieren können die Kinder nur dann ihre Erfahrungen machen, wenn Erwachsene die Lernprozesse der Kinder wahrnehmen und sie einfühlsam begleiten.
Wenn die Neugierde der Kinder geweckt und ihre Freude am Lernen erhalten wird, schafft dies eine grundlegende Voraussetzung für die Bildungs- und Lerngeschichte der Kinder, sie entfacht das gewünschte Feuer.

Bauprozesse beobachten

Die Beobachtung und Dokumentation kindlicher Entwicklungsprozesse gehört zur alltäglichen Arbeit von Erziehern, Lehrern und Therapeuten.
Bautätigkeiten eröffnen vielfältige Anlässe, die Selbstbildungsprozesse der Kinder wahrzunehmen. Wie schon deutlich gemacht wurde, brauchen die Kinder Raum, Zeit und abwechslungsreiches Material, um auf ihrem individuellen Niveau zu bauen. Wenn diese Rahmenbedingungen vorhanden sind, gibt es viele Gelegenheiten zur Beobachtung.

Die Herangehensweise und die Schwerpunkte der Beobachtung können sehr unterschiedlich sein. So können standardisierte Aufgaben und Beobachtungskriterien z. B. zur Feinmotorik oder zum Gleichgewicht die Grundlage sein. Hier steht vorher fest, was die Kinder tun und auf was bei der Beobachtung geschaut wird. Das oben dargelegte Bildungsverständnis legt eine andere Herangehensweise nahe. Die Grundlage der Beobachtung sind die Tätigkeiten, die das Kind von sich aus wählt und die Beobachtung sollte eng mit dem pädagogischen Konzept und der pädagogischen Haltung verknüpft sein.

Dem Pädagogen oder Therapeuten sollte klar sein, warum, was und wie er beobachten will. Werden die Motorik, einzelne Wahrnehmungsleistungen, die Sprache, das Sozialverhalten, die Handlungsplanung oder die Motivation beobachtet oder sind sie offen für unterschiedliche Aspekte kindlicher Handlung?
Beobachtungen lassen sich dokumentieren, in dem Kreuze in vorgegebene Bögen gemacht oder das Gesehene möglichst wertneutral beschrieben wird. Auf jeden Fall sollten wir uns über unsere Beobachtungen mit Kindern, Kolleginnen und Eltern austauschen, bevor wir Schlussfolgerungen ziehen.

So wurden bei Lars während seiner Kindergartenzeit folgende Situationen beschrieben, in denen er mit Bauklötzen spielte. Zwischen den beiden Beobachtungen liegen zwei Jahre.

„Lars (3,5 J.) besucht seit 6 Wochen den Kindergarten. Er schaut interessiert zu, wie Lea (6 J.) die Kapla-Bausteine aus der Kiste nimmt, um für ihre Hündin Sara eine Hütte zu bauen. Nach einigen Minuten nimmt er sich auch ca. 20 Bausteine und legt sie in eine lange Reihe. Er wirkt dabei sehr konzentriert und zufrieden. Dann nimmt er sich einen weiteren Baustein und schiebt diesen mit einem Brumm-Laut neben seiner Reihe auf und ab. Auf meine spätere Nachfrage erklärt er mir, dass er mit dem Auto über die Straße fahre.“

Zwei Jahre später:
„In der Bauecke ist das „Hochhausfieber“ ausgebrochen und in den letzten Tagen entstehen immer wieder neue Werke. Lars (5,5 Jahre), Kim (5 J.) und Marie (6 J.) haben an zwei Tagen gemeinsam einen Turm gebaut. Lars steigt auf einen Stuhl, um mit ausgestrecktem Arm weitere Bausteine in den oberen Stockwerken einzufügen. Er steht sicher und legt die Bausteine vorsichtig auf. Dann ruft er Kim

und Marie zu:„Jetzt reicht es. Der Turm ist hoch genug. Komm wir holen die Flugzeuge“. Alle drei Kinder holen sich ein Spielflugzeug, halten es in die Höhe und starten ihren Flug um den Turm, indem sie um ihn herum laufen. Nach fünf Runden fordert Lars alle zur Landung auf. Marie sagt, dass sie nicht weiter fliegen möchte und die drei Kinder einigen sich auf weitere Flugrunden. Dann setzen sie sich gemeinsam auf den Boden und stellen die Flugzeuge in ihre Mitte.

In beiden Situationen wirkt Lars sehr konzentriert und ist mit Freude bei der Sache.
In der ersten Situation nimmt er zunächst beobachtend teil und wird dann selbst aktiv. Er spielt allein und schafft sich mit der Straße ein zweidimensionales Bauwerk. Er spielt seine Vorstellung vom Autofahren und begleitet sie mit Lauten.

In der zweiten Situation baut Lars über einen langen Zeitraum gemeinsam mit Kim und Marie. Sie bauen ein dreidimensionales Bauwerk, das größer ist als sie selbst. Lars macht Spielvorschläge, die die anderen Kinder begeistert annehmen. Haben die Kinder verschiedene Vorstellungen und Bedürfnisse, reden sie miteinander und einigen sich selbstständig. Beim Bauen und im Fantasiespiel finden sie zu gemeinsamen Themen und Lösungen.

Eindrücke von anderen Situationen, z. B. beim Spiel auf der Bewegungsbaustelle, beim Malen oder Singen können dieses Bild vervollständigen.

Beim Bauen sind Fotos oder Videoaufnahmen eine gute Hilfe zur Dokumentation, da die Werke selten längeren Bestand haben. Sie bieten gute Möglichkeiten, mit Eltern in ein Gespräch über die Spieltätigkeit des Kindes im häuslichen Alltag zu kommen.

Folgende Prinzipien sind beim Beobachten hilfreich:

1. Die Beobachtung geht von den individuellen Stärken des Kindes aus und ist nicht primär darauf ausgerichtet, die Defizite der Kinder zu erfassen.
2. Die Beobachtungen bleiben bei allem Bemühen des Beobachters subjektiv und können immer nur Ausschnitte erfassen. Deshalb ist es wichtig, die eigene Wahrnehmung und Interpretation mit der Sicht der Eltern und der von Kolleginnen auszutauschen. Eventuell kann auch das Kind in kindgemäßer Weise in diesen Prozess einbezogen werden.
3. Die Beobachtungen werden in den alltäglichen Spielprozessen der Kinder gemacht und nicht in standardisierten, wirklichkeitsfremden Situationen. Sie finden regelmäßig statt und haben das Ziel die individuellen Entwick-

lungsprozesse der Kinder wahrzunehmen und so Hilfen für ihre Entwicklungsbegleitung zu finden.

In aktuellen Beobachtungskonzepten gibt es ein großes Bemühen darum, die Bildungs- und Lerngeschichte des Kindes zu erfassen. Ein vom Deutschen Jugendinstitut entwickeltes Konzept orientiert sich dabei an den „Learning Stories" von Margaret Carr aus Neuseeland (vgl. Viernickel/Völkel, S. 143 ff.).

Danach gibt es folgende vier Lerndispositionen:

- Interessiert und engagiert sein
- Trotz Schwierigkeiten dabei bleiben
- Sich ausdrücken und mitteilen/ sich mit andern austauschen
- Verantwortung übernehmen/ an der Lerngemeinschaft mitwirken

Wenn Bautätigkeiten beobachtet werden, lässt sich zu diesen Lerndispositionen einiges wahrnehmen. So z. B.:

1. Wendet sich das Kinder selbsttätig dem Bauen zu?
2. Was baut das Kind besonders gern? Wie motiviert/engagiert lässt es sich auf Bautätigkeiten ein? Wie konzentriert ist das Kind bei der Sache?
3. Wie groß ist die Frustrationstoleranz, wenn etwas nicht klappt, (z. B. ein Turm stürzt ein oder es gibt einen Interessenkonflikt um vorhandene Materialien)?
4. Wie ist die Handlungsplanung beim Bauen? Kann das Kind seine Ideen umsetzen?
5. Wie zufrieden ist das Kind mit seiner eigenen Tätigkeit? Äußert es positive und negative Gefühle?
6. Baut das Kind gern allein oder lieber gemeinsam mit anderen Kindern? Wenn ja, mit wem? Wie kommunizieren die Kinder? Wie einigen sie sich, wenn sie unterschiedliche Ideen haben?

All diese Lerndispositionen werden vor dem Hintergrund der materiellen und räumlichen Rahmenbedingungen beschrieben. Für die Pädagogen und Therapeuten ist die Schulung der eigenen Wahrnehmung und die Interpretation der Beobachtung ein Prozess der Zeit und Erfahrung erfordert, der aber für die Kinder und sie selbst sehr lohnend sein kann. Der Austausch mit Kolleginnen und Eltern über die gemachten Beobachtungen ist dabei sehr hilfreich. Sinnvolles Beobachten erfordert Zeit und gute Rahmenbedingungen und die Möglichkeit sich selbst zu schulen.

Entscheidend aber bleibt: Es lassen sich nur dann interessante Beobachtungen machen, wenn Kinder spannende und vielfältige Erfahrungsräume haben, in denen sie selbstwirksam tätig sein können!
Weitere Anregungen finden sich z. B. unter http://www.infans.de, http://www.dji.de und http://www.nifbe.de.

Übersicht

Jetzt noch ein kleines Bau-Rätsel!

Zunächst wird ein Nagel (mindestens 8 cm) in ein Holzbrett geschlagen. Nun versuchen Sie die anderen 14 Nägel ohne weitere Hilfsmittel auf diesem Nagel in Balance zu bringen. Keiner der Nägel darf das Brett berühren! Viel Vergnügen ... Lösungsfotos finden Sie unter www.psychomotorik-bonn.de/service/buecher.

Zeit

„Kein schwieriges Vorhaben wie eine Bergbesteigung oder ein Hausbau kann unter Zeitnot gelingen. Bildung nicht, eine Partnerschaft nicht und ein selbstbestimmtes, erfülltes Leben erst recht nicht. Unter Zeitdruck entsteht nichts, was außergewöhnlich, was auch noch später, nach vielen Jahren, wertvoll ist. Unter Zeitdruck bringt man nur schnell verwertbare, kurzlebige Ergebnisse und Produkte zustande, nichts Tiefes, nichts Gehaltvolles, nichts Langlebiges und nichts Nachhaltiges. Wer keine Zeit hat, kann nur hektisch zusammengebaute oder zusammengestellte Ergebnisse produzieren." (Renz-Polster, H./Hüther, G., S. 90)

Literatur

Literatur

Albers, T. / Bree, S. / Jung, E. / Seitz, S. (2012): Vielfalt von Anfang an. Inklusion in Krippe und Kita. Herausgegeben vom nifbe. Freiburg.

Baumann, N. et al. (1998): Bewegungsangebote sicher gestalten. Dortmund.

Bayerisches Staatsministerium für Arbeit und Sozialordnung, Familie und Frauen / Staatsinstitut für Frühpädagogik München (2016): Der Bayerische Bildungs- und Erziehungsplan für Kinder in Tageseinrichtungen bis zur Einschulung. Weinheim.

Beins, H. J. (2005): Türme, Brücken, Murmelbahn. Bauen und Konstruieren im Kindergarten.

Beins, H. J. / Cox, S. (2011): „Die spielen ja nur!?“. Psychomotorik in der Kindergartenpraxis. Dortmund.

Beins, H. J. / Lensing-Conrady / Schönrade (Hrsg.) (1999): Wenn Kinder durchdrehen ... Vom Wert des „Fehlers“ in der Psychomotorik. Dortmund.

Beins, H. J. (2005): Bauen und Konstruieren als lustvolles Lernen. Bedeutung und praktische Umsetzung. In: Kindergarten heute. Zeitschrift für Erziehung 1.

Berger, M.: Frauen in der Geschichte des Kindergartens: Christine Uhl.

Kindergartenpädagogik – Online-Handbuch – Herausgeber: M. R. Textor.

Beudels, W. / Lensing-Conrady, R. / Beins, H. J. (2019): ... Das ist für mich ein Kinderspiel. Handbuch der psychomotorischen Praxis. Dortmund.

Beudels, W. u. a. (Hrsg.) (2011): Außer Rand und Band: WenigKostenVielSpaß-Geschichten mit Alltagsmaterialien. Dortmund.

Einsiedler, W. (1999): Das Spiel der Kinder. Bad Heilbrunn.

Fritz, A. / Keller, R. (1993): Auf leisen Sohlen durch den Unterricht. In: Motorik 3, S. 90–99.

Gebauer, K. / Hüther, G. (2003): Kinder brauchen Spielräume. Perspektiven für eine kreative Erziehung. Düsseldorf.

Jost, M. / Beins, H. J. (2015): Bewegung und Spiel für die Kleinsten. Psychomotorik für Kinder von 1 bis 4 Jahren.

Largo, R. H.: Kinderjahre (1999). Die Individualität des Kindes als erzieherische Herausforderung. München.

Laewen, H. J. / Andres, B. (Hrsg.) (2002): Forscher, Künstler, Konstrukteure. Werkstattbuch zum Bildungsauftrag von Kindertageseinrichtungen. Weinheim.

Lensing-Conrady, R. (2001): Von der Heilsamkeit des Schwindels. Gleichgewichtswahrnehmung als Motor für Entwicklung und Lernen. Dortmund.

Mahlke, W. / Schwarte, N. (1994): Raum für Kinder. Ein Arbeitsbuch zur Raumgestaltung im Kindergarten. 3. Auflage. Weinheim; Basel.

Miedzinski, K. (1996): Die Bewegungsbaustelle. Kinder bauen ihre Bewegungsanlässe selbst. Dortmund 1996.

Miedzinski, K. (1994): Was beim Bauen passiert und in Bewegung kommt. Bauen und Bewegen im Kinderspiel. In: Praxis der Psychomotorik 4, S. 197–203.

Miedzinski, K. / Fischer, K. (2006): Die Neue Bewegungsbaustelle. Lernen mit Kopf, Herz und Hand. Dortmund.

Ministerium für Bildung, Frauen und Jugend, Rheinland-Pfalz (2018): Bildungs- und Erziehungsempfehlung für Kindertagesstätten in Rheinland-Pfalz. Weinheim.

Ministerium für Schule; Jugend und Kinder des Landes Nordrhein-Westfalen (2015): Bildungsvereinbarung NRW Düsseldorf.

Pertler, C. u. R. (1999): Wo Menschen zu Hause sind. Kinder erleben Architektur. München.

Pikler, E. (2001): Laßt mir Zeit. Die selbständige Bewegungsentwicklung des Kindes bis zum freien Gehen. München.

Renz-Polster, H. / Hüther, G. (2013): Wie Kinder heute wachsen. Natur als Entwicklungsraum. Weinheim und Basel.

Romberg, J. (2001): Wie Kinder sich die Welt erobern. In: Zeitschrift Geo 10.

Schäfer, G. E. (Hrsg.) (2003): Bildung beginnt mit der Geburt. Weinheim.

Spiegel, H. / Selter, C. (2007): Kinder & Mathematik. Was Erwachsene wissen sollten.

Thier-Schroeter, L. / Diedrich, R. (1995): Kinder wollen bauen. Kreatives Spiel nach Fröbel. München.

Zimmer, R. (Hrsg.) (2011): Psychomotorik für Kinder unter 3 Jahren. Entwicklungsförderung durch Bewegung. Freiburg.

Zimmer, R. (2019): Handbuch der Psychomotorik. Freiburg.

Bezugsquellen

- **aspekt schreinerarbeiten e. K.**
  Jörg Bünger
  Piccolministraße 26
  D-51063 Köln
  Tel.: +49 (0) 2 21 8 69 85 37

- **Bausteine, Murmelbahnen und andere Bauspiele**
  Ciluna – Spielvergnügen
  Am Kochenhof 1
  D-70192 Stuttgart
  Tel.: 0711 - 46 92 06 26
  www.ciluna.de
  E-mail: **info@ciluna.de**
  (a-bach-o Murmelbahn)

- **Cuboro:**
  cuboro AG
  CH-6086 Hasliberg Reuti
  Tel.: (033) 9 71 59 50
  www.cuboro.ch
  E-Mail: cuboro@cuboro.ch
  (Murmelbahnen, Bezug über den Fachhandel)

- **Dusyma Kindergartenbedarf**
  Haubersbronner Str. 40
  73614 Schorndorf
  Tel.: 0 71 81 - 60 03 41
  www.dusyma.com
  E-Mail: info@dusyma.de

- **HABA:**
  Habermaass GmbH
  Postfach 11 07
  D-96473 Bad Rodach
  Tel.: 0 95 64 - 9 29-100
  www.haba.de
  (Flachenzug / Murmelbahn, Bezug über den Fachhandel)

- **KAPLA**
  www.kapla.com
  (Kapla Baustein, Bezug über den Fachhandel)

- **Südpfalzwerkstatt gGmbH**
  Im Wolfsgewann 1
  D-76744 Wörth
  Tel.: 07271-9237-44
  www.suedpfalzwerkstatt.de
  E-Mail: info@suedpfalzwerkstatt.de
  (Große Bewegungsbausteine aus Schaumstoff)

- **Tischlerschuppen**
  Michael Wirges
  Auf der Höh 32
  D-53819 Neunkirchen-Seelscheid
  Tel.: 02247-75 8409
  www.tischlerschuppen.de
  info@tischlerschuppen.de
  (Bauklötze aller Art)

- **Zoch-Verlag**
  Rheinstraße 7
  D-80803 München
  www.zoch-verlag.com
  E-Mail: info@zoch-verlag.com
  (Bausack, Bamboleo Bezug über den Fachhandel)

Psychomotorische Spielgeräte / Bewegungsbaustelle

- **aspekt schreinerarbeiten e. K.**
  Jörg Bünger
  Piccolministraße 26
  D-51063 Köln
  Tel.: +49 (0)221 86 98 537

- **Basisgemeinde Wulfshagenerhütten**
  Zum Wohld 4
  D-24214 Gettorf
  Tel.: 04346-5044
  www.basisgemeinde.de
  E-Mail: info@basisgemeinde.de
  (Bewegungsmaterialien nach Elfriede Hengstenberg)

- **Haidig OHG**
  Peggi&Oliver Haidig
  Ruhrallee 41a
  44139 Dortmund
  Tel.: 0231-9128156
  www.haidig.de
  E-Mail: info@haidig.de

- **Karl H. Schäfer**
  Großer Kamp 6–8
  D-32791 Lage/Heiden
  Tel.: 05232-65982
  www.schaefer-lage.de
  E-Mail: Mail@Schaefer-Lage.de

- **Loquito:**
  Gebr. Hagedorn
  Im Westerbruch 33
  49152 Bad Essen
  Tel.: 005472-9544490
  www.hagedorn-spiel.de
  E-Mail: info@hagedorn-spiel.de

- **G. Benz Turngerätefabrik GmbH + Co**
  Grüningerstr. 1–3
  D-71364 Winnenden
  Tel.: 07195-6905-0
  www.benz-sport.de
  E-Mail: info@benz-sport.de

- **SPORT-THIEME GmbH**
  D-38367 Grasleben
  Tel.: 05357-18181
  www.sport-thieme.de

Fortbildungen

- **Rheinische Akademie im Förderverein Psychomotorik**
  Wernher-von-Braun-Str. 3
  D-53113 Bonn
  Tel.: 0228-24339444
  www.psychomotorik-bonn.de
  E-Mail: akademie@psychomotorik-bonn.de

Über die Autoren

Hans Jürgen Beins, Sportpädagoge und Fachwirt im Gesundheits- und Sozialwesen, arbeitet als Geschäftsführer und Leiter der Rheinischen Akademie im Förderverein Psychomotorik Bonn. Er ist seit vielen Jahren in der Entwicklungsbegleitung von Kindern und Jugendlichen sowie in der Fort- und Weiterbildung von Pädagogen und Therapeuten tätig. Dort hat er viel Gelegenheit mit Kindern und Erwachsenen seine Begeisterung für das Bauen auszuleben. Seit 1994 organisiert er hauptverantwortlich einmal jährlich Fachtagungen und Kongresse zu psychomotorischen Themen. Er ist Autor zahlreicher Fachbücher und Filme zur psychomotorischen Praxis.

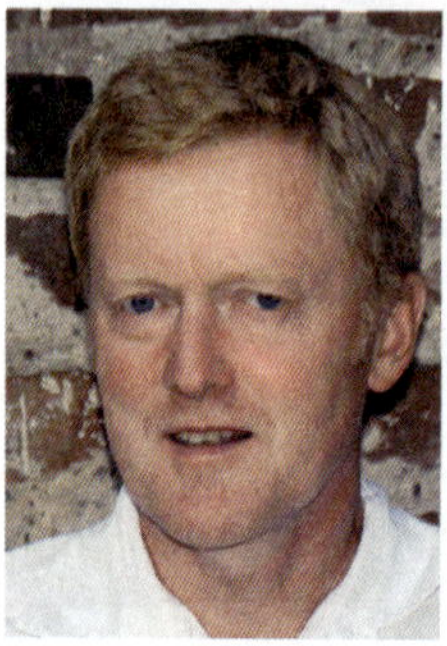

Thomas Klee arbeitet als Ergotherapeut mit eigener Praxis und war lange an der Viktor Frankl Schule in Aachen. Diese Rheinische Förderschule hat als Förderschwerpunkt die körperliche und motorische Entwicklung. Thomas Klee hat die Zusatzqualifikation Psychomotorik in Bonn erworben. Er ist AGIL-Moderator im Kreis Aachen. Weiterhin arbeitet er als Referent für die Rheinische Akademie im Förderverein Psychomotorik Bonn. Zusätzlich ist er leidenschaftlicher Spielerfinder. Er ist verheiratet und Vater von zwei Söhnen.